Conociendo más a la persona del Espíritu Santo

Diana Baker

Copyright © 2014 Diana Baker

Copyright © 2014 Editorial Imagen.
Córdoba, Argentina

Editorialimagen.com
All rights reserved.

Todos los derechos reservados. Ninguna parte de este libro puede ser reproducida por cualquier medio (incluido electrónico, mecánico u otro, como ser fotocopia, grabación o cualquier sistema de almacenamiento o reproducción de información) sin el permiso escrito del autor, a excepción de porciones breves citadas con fines de revisión.

Todas las referencias bíblicas son de la versión Reina-Valera 1960, Copyright © 1960 by American Bible Society excepto donde se indica:
TLA - Traducción Lenguaje Actual, Copyright © 2000 by United Bible Societies. NVI - Nueva Versión Internacional, Copyright © 1999 by Biblica. DHH - Biblia Dios Habla Hoy, Tercera edición © Sociedades Bíblicas Unidas, 1966, 1970, 1979, 1983, 1996. Usada con permiso. NTV - Santa Biblia, Nueva Traducción Viviente, © Tyndale House Foundation, 2010. Usado con permiso de Tyndale House Publishers, Inc., 351 Executive Dr., Carol Stream, IL 60188, Estados Unidos de América. Todos los derechos reservados.

CATEGORÍA: Vida Cristiana/Inspiración

Impreso en los Estados Unidos de América

ISBN-13:
ISBN-10:

ÍNDICE

INTRODUCCIÓN 1
QUIÉN ES EL ESPÍRITU SANTO 3
LO QUE LA PALABRA DE DIOS DICE SOBRE EL ESPÍRITU SANTO 9
CÓMO ES EL ESPÍRITU SANTO 15
EL ESPÍRITU SANTO ES UNA PERSONA 19
QUÉ HACE EL ESPÍRITU SANTO 25
SOMOS TEMPLOS DEL ESPÍRITU SANTO 35
LO QUE SE ESPERA DE NOSOTROS COMO HIJOS DE DIOS 39
UN HOMBRE LLENO DEL ESPÍRITU SANTO 43
UNA VIDA SANTA Y EL ESPÍRITU SANTO 47
VIVIR POR EL PODER DEL ESPÍRITU 53
LA VIDA LLENA DEL ESPÍRITU CONTRA LA VIDA EN LA CARNE 57
SER LLENO DEL ESPÍRITU 63
CAMBIANDO LA CARNE POR EL ESPÍRITU 69
UNA VIVENCIA CON EL ESPÍRITU SANTO 75
ANHELANDO MÁS DEL ESPÍRITU SANTO 79
MÁS LIBROS DE INTERÉS 101

INTRODUCCIÓN

Esta obra no pretende ser una fuente exhaustiva sobre la Persona del Espíritu Santo sino más bien es el relato de un viaje personal.

Después de muchos años de ser creyentes el Señor puso una inquietud en mi vida y la de mi esposo - la inquietud por buscar la llenura del Espíritu Santo. Fue un 'viaje' donde aprendimos mucho y en estas páginas comparto esa aventura. En mis lecturas diarias de la Palabra anotaba todo lo referente al Espíritu Santo y de allí los datos que se encuentran en la primera parte.

Descubrimos que en verdad, la llenura del Espíritu Santo es una experiencia grandiosa. Ya nada es igual. Todo cambia y no hay comparación después de que el Espíritu no sólo vive dentro de uno, sino que es el que lleva el timón.

Espero que estas páginas te inspiren para iniciar tu propia búsqueda y que tengas la mayor aventura con nuestro Dios quien no tiene límites y quien nos sorprende con lo insólito.

El capítulo 'Anhelando más del Espíritu Santo' ha sido publicado anteriormente en mi blog: http://artescreativos.blogspot.com.es/

Quién es el Espíritu Santo

¡El maravilloso ESPÍRITU SANTO! ¡Quién podría describirlo o conocerlo todo sobre Él! La Palabra de Dios nos da unos datos sobre Su Persona y Sus acciones pero Él es Dios sin límite. Por lo tanto esta obra es sólo una vislumbre del Espíritu Santo con el fin de que tú descubras por ti mismo los secretos de nuestro Dios.

Es importante tener en cuenta que nuestro Dios es una trinidad donde cada una de las tres Personas, a la vez que son muy diferentes entre sí, también es parte de un total. Dios es uno sólo. Dios es el Padre y Jesucristo y Espíritu Santo. Los tres son uno solo.

Él me mostró que la Trinidad no se representa como un triángulo sino como un círculo donde no existe ni comienzo ni fin. Las tres Personas son diferentes pero a la vez son iguales. No hay competencia entre ellos y no se ponen celosos si oras a uno y no al otro. No obstante, por mucho tiempo el Espíritu Santo estuvo como en el último plano y no ha sido hasta después del avivamiento en la Calle Azusa de Los Ángeles, Estados Unidos, en 1906 cuando hubo un derramamiento del Espíritu Santo, que se ha comprobado el poder y las señales de Dios por medio del Espíritu Santo y hemos llegado a conocerle de una manera más personal.

En esta tierra no podemos ver a Dios con nuestros ojos pero sí podemos ver las cosas que hace y así saber que Él está allí. No solamente vemos a Dios en su creación sino que lo vemos cuando vemos un milagro. Hay incontables historias de sanidades milagrosas. Son testimonio de la presencia de Dios aunque no se vio a Dios con los ojos – se vio lo que Él hizo.

En esta tierra no podemos ver a Dios con nuestros ojos pero sí podemos sentirlo con nuestros sentidos y así saber que Su presencia es real. Muchas veces la presencia de Dios nos hace llorar- lloramos sin saber por qué - o nos causa risa, o sentimos un viento fresco, o un perfume.

Una noche me desperté sintiendo el aroma de un hermoso perfume...pensé: "qué delicioso" pero no sabía de dónde venía pues a esas horas era algo extraño y me quedé dormida nuevamente. A los dos días sucedió de nuevo pero esta vez me levanté para inspeccionar. Recorrí la casa pero el perfume sólo estaba en mi habitación donde dormía con mi esposo. Y entendí que era el perfume del Espíritu Santo haciéndome saber de su presencia, que Ellos estaban allí.

Él está ansioso de hacerse conocer por ti...busca más

de Él. Ya sabes que Él ha prometido ser encontrado. Por lo tanto, mira lo que El hace y siente su presencia.

Primero vamos a ver un poco de lo que aprendemos en la Palabra sobre la Persona del Espíritu Santo

Este período de la historia se conoce como "el tiempo de la lluvia tardía. (Zacarías 10:1) En otras palabras, este es el tiempo de la actividad más grande del Espíritu Santo que la iglesia jamás haya conocido. Por lo tanto, es necesario saber todo cuanto sea posible sobre el maravilloso Espíritu Santo. De hecho, nunca será suficiente todo lo que podamos aprender acerca de la Persona del Espíritu Santo. ¡Él es Dios sin límites!

David Greco en su libro "Cielos Abiertos" nos relata lo que muchos están percibiendo del Espíritu Santo.

"En primer lugar, el Espíritu Santo restaurará el primer mandamiento en el corazón del cristiano. Amaremos a Dios sobre todas las cosas. ¿Cómo sucederá esto? El Espíritu Santo abrirá nuestros corazones a la revelación del amor de Cristo, al amor del Novio por la Iglesia. De la misma manera que todo novio espera ansiosamente que llegue el día de las bodas, Jesús está esperando el día del Arrebatamiento de la Iglesia. Él nos desea. Esta revelación cambiará la manera de actuar y de vivir. Y de la misma manera que la novia prepara su ajuar, el Espíritu Santo estará vistiéndonos con la hermosura del Señor. Este mundo todavía no ha visto a una Iglesia caminando por las naciones con la hermosura de Jesús.

En segundo lugar, veremos la cosecha de almas más

grandes de la historia. El crecimiento es por multiplicación. Hay alrededor de ochocientos a novecientos mil millones de cristianos en el mundo. Cuando venga la gran cosecha se salvarán por lo menos mil millones de personas. Esto no sucederá a través de nuestros programas. Cuando todos vean la hermosura de Jesús, los cielos abiertos sobre nuestras vidas, vendrán por sí solos. Se sentirán atraídos por la hermosura de Jesús.

En tercer lugar, Dios confrontará a la humanidad con la eternidad a través de juicios. Hageo dice que Dios hará temblar la tierra, los cielos, la tierra seca, el mar, todas las naciones. Ya estamos viendo cómo los cielos, la atmósfera, se están conmoviendo. Los terremotos sacuden la tierra. La tierra seca, los sembrados, no produce lo que se cosechaba años atrás. Las economías de las naciones tiemblan. Y la gente está perdiendo la esperanza en el futuro. Algunos de estos juicios van a ser devastadores. Pero Dios hará esto por Su misericordia. Dios confrontará al hombre con su mortalidad y con la realidad que debe enfrentarse a un Dios que pedirá cuentas. De la misma manera que los hombres de Dios del Antiguo Testamento desataron plagas, señales en la naturaleza, la Iglesia va a hacer lo mismo para que el hombre se vuelva a Dios. Sé que estas cosas son maravillosas, y sé también que Dios abrirá los cielos sobre toda nación y Jesucristo será glorificado."

Proponte ahora mismo en tu corazón buscar un fresco derramamiento del Espíritu Santo. Dios está cumpliendo las promesas de Joel 2:28-30 en todo el mundo, en toda nación y en toda denominación. El

Espíritu Santo está siendo derramado. ¡Sé tú uno de los vasos dispuestos que El pueda usar para lograr sus designios y Su voluntad!

Lo que la Palabra de Dios dice sobre el Espíritu Santo

Juan 14:16

"Le pediré al Padre y les dará otro Consejero para que esté siempre con ustedes."

El Espíritu Santo es "OTRO Consejero" – pero igual a Jesús. Él toma el lugar de Jesús aquí en la tierra. Jesús ascendió al Cielo y está con el Padre pero ha dejado otra Persona, IGUAL a Él, como si Él mismo estuviera con nosotros permanentemente.

Estará en nosotros PARA SIEMPRE, cada instante de nuestra vida, si tú le permites, por tanto, no lo dejes tú a Él.

Juan 14:18

"No los dejaré huérfanos; volveré a ustedes."

El Espíritu Santo es el REPRESENTANTE de Jesús. Dice Jesús "Vendré a vosotros" en forma del Espíritu Santo. Podemos decir que Jesús está con nosotros porque el Espíritu Santo nos hace sentir la presencia de Jesús. Tener al Espíritu Santo es lo mismo que tener a Jesús.

Lucas 11:13

"Pues si ustedes, aun siendo malos, saben cómo darles cosas buenas a sus hijos, imagínense cuánto más dispuesto estará su Padre celestial a darles el Espíritu Santo a aquellos que le piden."

Él es la dádiva o REGALO de Dios a los que lo PIDAN, lo BUSQUEN y lo DESEEN.

El Padre está ansioso de entregarnos Su regalo, a nosotros nos toca pedirlo y desearlo.

El Padre está ansioso de darnos más del Espíritu Santo pero será sólo a aquellos que se lo pidan. Él no nos daría algo que no deseamos. Y el Espíritu Santo es demasiado valioso para dárselo a alguien que no lo anhele.

Lucas 24:29

"Ahora les enviaré lo que mi Padre les ha prometido, pero quédense en Jerusalén hasta que reciban poder del cielo."

Él es la PROMESA del Padre. Él prometió enviarnos un Ayudador y cumplió su promesa.

Efesios 1:14,15

"El Espíritu es un adelanto que se nos da como garantía de que recibiremos lo que Dios prometió. La promesa de Dios llegará cuando se complete nuestra liberación para que alabemos a Dios por su grandeza. Por eso, desde que supe que ustedes tienen fe en el Señor Jesús y que aman a todo el pueblo de Dios".

El Espíritu Santo es la PROMESA de Dios para nosotros. Él es el SELLO DE DIOS. Somos sellados con el Espíritu, siendo Él la garantía de que recibiremos lo que Dios nos ha prometido darnos como herencia.

Romanos 8:16

"El Espíritu mismo le habla a nuestro espíritu y le asegura que somos hijos de Dios."

Él es nuestra SEGURIDAD - nos da la seguridad - de que somos hijos de Dios. A veces no estamos seguros de nuestra salvación – tal vez no hemos sentido ninguna diferencia en nuestra vida – pero el Espíritu te asegurará que en verdad eres hijo o hija de Dios y heredarás el cielo.

Le di mi corazón a Jesús cuando tenía siete años. Llegué a la adolescencia y no tenía seguridad de mi salvación. No me sentía diferente ni nada espectacular me había sucedido en mi interior. Pero un día el Espíritu Santo me dio esa seguridad y nunca más he dudado.

Juan 14:26

"Pero el Consejero, el Espíritu Santo que el Padre enviará en mi nombre, les enseñará y recordará todo lo que les dije."

El Espíritu se llama CONSEJERO o Consolador. Él es ENVIADO por el Padre EN EL NOMBRE de Jesús. Este versículo es significativo por mencionar las tres Personas de Dios y sus funciones.

Otro versículo digno de mencionar que revela las tres personas de la trinidad y su trato con nosotros es Isaías 9:6:

"Porque un niño nos es nacido, hijo nos es dado, y el principado sobre su hombro; y se llamará su nombre Admirable, Consejero, Dios Fuerte, Padre Eterno, Príncipe de Paz."

El versículo se refiere a Jesús, el Hijo. Pero también dice que el Hijo es Consejero, Dios Fuerte y a la vez es Padre. Es demasiado presuntuoso intentar entender el misterio de la Trinidad de nuestro Dios Infinito. El versículo de Isaías nos da de entender que aunque son tres personas diferentes con funciones diferentes, también son uno sólo e indivisible.

Juan 15:26

"Cuando venga el Consejero, el Espíritu de la verdad, que les enviaré de parte del Padre, él dará testimonio de mí."

Este versículo también menciona las tres Personas de Dios.

El Espíritu también se llama ESPÍRITU DE VERDAD. Sabemos por Juan 14:6 que Jesús es la Verdad. El Padre envía al Espíritu para que tome el lugar de Jesús, la Verdad. El Espíritu actuará en lugar de Jesús.

Jesús describe al Espíritu Santo de dos maneras: como Consolador y como Espíritu de Verdad. Porque el Espíritu nos ministra tanto a nuestro corazón como a nuestra mente.

Como Consolador, el Espíritu nos ayuda en todos los aspectos de nuestra vida. Él nos aconseja, nos anima, nos alienta, nos fortalece. Como Espíritu de Verdad da testimonio de Jesús. Él nos enseña como Jesús enseñó a sus discípulos – y más aún. Él nos ilumina, nos guía, nos trae cosas a la memoria, nos muestra los principios del Reino y aún más.

Cómo es el Espíritu Santo

Juan 14:17

"El Consejero es el Espíritu de la verdad. El mundo no lo puede recibir porque no lo ve ni lo conoce. Ustedes lo conocen porque vive con ustedes y estará en ustedes."

El Espíritu no se ve pero tomó forma de PALOMA (Marcos 1:10) y como VIENTO RECIO y LENGUAS DE FUEGO (Hechos 2:2-4)

No se ve al Espíritu Santo pero se puede SENTIR y se puede VER sus obras.

¿Dónde se puede encontrar al Espíritu Santo? El mundo no lo conoce ni lo puede recibir pues Él vino a MORAR CON los creyentes y ESTAR EN ellos.

Juan 7:39

"Jesús dijo eso acerca del Espíritu, que recibirían después los que creyeran en él pues aún no estaba el Espíritu, porque Jesús todavía no había sido glorificado."

Sólo pueden recibir el Espíritu Santo los que CREEN en Jesús.

Mateo 3:11

"Yo los bautizo con agua como demostración de que han cambiado su vida, pero el que viene después de mí es más poderoso que yo. Ni siquiera soy digno de ayudarle a quitarse las sandalias. Él los bautizará con el Espíritu Santo y con fuego."

Jesús vino para que los creyentes fuesen BAUTIZADOS EN ESPÍRITU SANTO Y FUEGO.

Juan 3:5

"Jesús respondió: —Te digo la verdad: el que no nace de agua y del Espíritu, no puede entrar al reino de Dios."

El que no NACE del Espíritu no puede entrar en el Reino de Dios. Esto es lo que caracteriza a los verdaderos creyentes.

Juan 3:34

"Dios envió a Jesús quien dice lo mismo que Dios dice porque Dios le da todo el poder de su Espíritu."

El Espíritu no es dado en medida. No se da una parte del Espíritu sino que se da en forma completa y total. Está a nuestra disposición TODO el Espíritu Santo. ¡Qué más nos podría dar nuestro Padre! ¡Es tan grande su amor!

El Espíritu Santo te quiere a ti 100% también. Eres tú quien decides cuánto lugar le das al Espíritu Santo y cuánto dejas que Él te guíe, te enseñe y te cambie.

El Espíritu Santo es una Persona

Una de las razones por las cuales muchos se refieren a Él como un mero poder o fuerza puede ser debido a ciertos nombres que le atribuyen o describen en las Escrituras para describir su ministerio. Por ejemplo se lo llama:

Aliento – Génesis 2:7

Viento - Hechos 2:2

Lluvia – Oseas 6:3

Aceite – I Samuel 16:13

Fuego – Hechos 2:3

Todos ellos son símbolos de algunos ministerios que Él ejecuta. Sin embargo, el Espíritu Santo es muchísimo más grande que cualquiera de aquellos ministerios que opera.

Hechos 13:2

"Un día, mientras ayunaban y adoraban al Señor, el Espíritu Santo dijo: «Aparten a Bernabé y a Saulo para que hagan el trabajo para el cual los he llamado»."

El Espíritu Santo HABLA – se comunica con las personas en cualquier idioma. Usa la palabra para hacerse entender. Es una Persona y por ende tiene inteligencia para comunicarse por medio de la palabra.

I Corintios 12:11

"Todo eso lo hace un solo Espíritu y él decide lo que le da a cada cual."

El Espíritu Santo toma decisiones. Esto es algo propio de una persona. Para tomar decisiones uno necesita conocer las diferentes situaciones y evaluar la mejor acción.

Hechos 16:6

"Y atravesando Frigia y la provincia de Galacia, les fue prohibido por el Espíritu Santo hablar la palabra en Asia."

El Espíritu puede expresar Su voluntad y sus

decisiones. También impide que se haga lo que no es Su voluntad.

Hechos 9:31

"Así que la iglesia disfrutó de paz por toda Judea, Galilea y Samaria. Se fortalecía y progresaba, viviendo de una manera que mostraba mucho respeto por el Señor. La iglesia crecía animada por el Espíritu Santo."

El Espíritu ANIMA, FORTALECE, CONSUELA.

Romanos 8:26,27

"De igual manera, el Espíritu nos ayuda en nuestra debilidad. Por ejemplo, cuando no sabemos qué pedirle a Dios, el Espíritu mismo le pide a Dios por nosotros. El Espíritu le habla a Dios a través de gemidos imposibles de expresar con palabras. Pero Dios nos conoce a fondo y entiende lo que el Espíritu quiere decir, porque el Espíritu ruega a favor de su pueblo santo de acuerdo a la voluntad de Dios."

El Espíritu Santo PIENSA, RAZONA y también ORA e INTERCEDE por nosotros.

Hechos 19:6

"Y habiéndoles impuesto Pablo las manos, vino sobre ellos el Espíritu Santo; y hablaban en lenguas, y profetizaban."

El Espíritu imparte la habilidad de hablar en lenguas y de profetizar. El Espíritu nos da un regalo – la evidencia de su presencia por medio de las lenguas.

Gálatas 3:5

"Dios les da el Espíritu y hace milagros porque escucharon la buena noticia de salvación y creyeron en ella."

El Espíritu obra MILAGROS y señales y reparte dones según Su voluntad. ¡Él nos da poder a nosotros para obrar en el terreno espiritual! ¡Qué grande!

Hechos 5:3

"Entonces Pedro dijo:—Ananías, ¿por qué permitiste que Satanás entrara en tu corazón? Mentiste y trataste de engañar al Espíritu Santo. Vendiste el terreno, pero ¿por qué te quedaste con parte del dinero?"

Se puede MENTIR al Espíritu. Y el v. 4 dice que mentir al Espíritu Santo es mentir a Dios. Este suceso nos muestra lo grave que es mentir. ¡La mentira merece la muerte! El matrimonio que mintieron, murieron allí sin más. No tuvieron otra oportunidad en la vida. La mentira no es algo pequeño ni insignificante para Dios...es cosa seria y nos impide llegar al Cielo. Los mentirosos no heredan el Cielo. *"...todos los mentirosos tendrán su parte en el lago que arde con fuego y azufre."* Apocalipsis 21:8

Hechos 7:51

"¡Ustedes son muy tercos! Son como los paganos en su forma de pensar y de entender. Siempre se rebelan contra el Espíritu Santo, igual que sus antepasados."

Se puede RESISTIR al Espíritu. Este es el pecado que no tiene perdón. *"Les digo la verdad: Dios le perdonará a la gente cualquier pecado, incluso a quien reniegue de él, pero jamás perdonará a quien se atreva a renegar del Espíritu Santo. El que lo haga será culpable para siempre de ese pecado."* Marcos 3:28,29

Efesios 4:30

"No hagan poner triste al Espíritu Santo, quien es la garantía para su completa liberación en el día señalado."

Se puede CONTRISTAR al Espíritu. Por lo tanto tiene sentimientos. El Espíritu puede ser entristecido como también se le puede alegrar.

¿Cómo? Lo contristamos cuando no le damos lugar en nuestra vida, cuando no le dejamos actuar y así demostrar que tiene la mejor respuesta para nosotros. Por el contrario, se deleite cuando puede ser nuestro campeón y cada vez que le damos lugar estamos abriendo una puerta más para que Él siga brindándonos más bendiciones.

I Tesalonicenses 5:19

"No detengan la obra del Espíritu." o *"No apaguéis al Espíritu."*

Se puede APAGAR al Espíritu. Se le puede dar la espalda y no tomarlo en cuenta. En ese caso Él no se va del todo porque sabemos que Él nunca nos deja pero si no le das lugar, Él no actuará.

El Espíritu Santo espera que tú tomes la decisiva de darle todo el lugar que Él desea para darte la vida en abundancia que Él promete pero si no lo tomas en cuenta, le atas las manos. Tú decides.

Qué hace el Espíritu Santo

Juan 16:8-11

"Cuando él venga, demostrará a los del mundo que están equivocados en cuanto a quién es el pecador, en cuanto a quién recibe la aprobación de Dios y en cuanto al juicio. Demostrará que los que no creen en mí son los pecadores. Demostrará que yo recibo la aprobación de Dios, porque yo voy al Padre, y entonces ustedes ya no me verán; en cuanto a quién será juzgado, porque el que manda en este mundo ya ha sido condenado."

El Espíritu CONVENCE al mundo de PECADO (porque no creen en Jesús). Él convence de JUSTICIA porque Jesús va al Padre y no lo verán más.

También convence de JUICIO porque Satanás ya está juzgado.

Juan 14:26

"Pero el Consejero, el Espíritu Santo que el Padre enviará en mi nombre, les enseñará y recordará todo lo que les dije."

El Espíritu NOS ENSEÑA todas las cosas. Nos hace RECORDAR lo que Jesús dice en su Palabra.

Se podría emplear otro término y decir que el Espíritu es nuestro Ayudador. Él les ayudó a los discípulos a recordar lo que había dicho Jesús y además les enseñó otras cosas.

Juan 16:12,13

"Yo todavía tengo mucho que decirles, pero ahora sería demasiado para ustedes. Cuando venga el Espíritu de la verdad, los guiará a toda la verdad. El Espíritu no hablará por su propia cuenta, sino que dirá sólo lo que oiga y les anunciará lo que va a suceder después."

Él nos GUÍA y ENSEÑA toda la verdad. No hacía falta que Jesús enseñara toda la verdad (v.12) pues sabía que el Espíritu lo iba a hacer.

El Espíritu NO HABLA POR SU CUENTA sino que habla lo que ha oído decir al Padre y al Hijo. Él nos hará saber LAS COSAS QUE HAN DE VENIR.

Juan 15:26

"Cuando venga el Consejero el Espíritu de la verdad, que les enviaré de parte del Padre, él dará testimonio de mí."

El Espíritu da TESTIMONIO de Jesús. El Espíritu Santo no habla de sí mismo sino que siempre nos lleva hacia Jesús.

El Espíritu Santo, quien es el Espíritu de la verdad, es enviado por el Padre para dar testimonio de Jesús. Así nosotros también debemos dar testimonio de Jesús.

Juan 16:14

"Él me glorificará; porque tomará de lo mío, y os lo hará saber."

El Espíritu GLORIFICA a Jesús porque nos hará saber todo lo que necesitamos saber de Jesús.

Juan 6:63

"El Espíritu es el que da vida, el cuerpo no tiene nada que ver en eso. Las palabras que les he dicho vienen del Espíritu y por lo tanto dan vida."

El Espíritu da VIDA a los creyentes. No solamente nos da vida eterna sino que también cambia nuestra vida terrenal para que sea digna y más llevadera.

I Corintios 2:13

"Cuando hablamos de eso, no usamos las palabras que nos enseña la sabiduría humana, sino las que nos enseña el Espíritu. Usamos palabras espirituales para explicar lo espiritual."

El Espíritu nos da SABIDURÍA para hablar. Cuando haga falta el Espíritu nos dará todo lo que necesitamos – la sabiduría y las palabras adecuadas para que Dios sea exaltado.

Hechos 1:8

"Pero cuando el Espíritu Santo venga sobre ustedes, recibirán poder. Serán mis testigos en Jerusalén, en toda la región de Judea, en Samaria y en todo el mundo."

El Espíritu nos da PODER para vivir la vida cristiana y para SERVIR a Dios. No se espera que lo hagamos solos. Tenemos un ayudador en el Espíritu Santo.

II Tesalonicenses 2:13

"El Espíritu los purifica por la fe que ustedes tienen en la verdad y así reciben la salvación."

La salvación es por la fe que tenemos en la Verdad. El Espíritu nos santifica, nos PURIFICA. El Espíritu nos separa para El y nos ayuda a vivir como Dios desea.

Romanos 8:13

"Si viven de acuerdo con la mentalidad humana, morirán para siempre, pero si usan el poder del Espíritu para dejar de hacer maldades, vivirán para siempre."

Tenemos a nuestra disposición el poder ilimitado del Espíritu Santo para transformar nuestras vidas. El nos ayuda para abandonar todo pecado en nuestra vida y vivir la vida en abundancia. No hay nada igual. Ninguna religión puede hacer algo semejante.

Hechos 13:2

"Un día, mientras ayunaban y adoraban al Señor, el Espíritu Santo dijo: «Aparten a Bernabé y a Saulo para que hagan el trabajo para el cual los he llamado»."

El Espíritu Santo no es una fuerza difusa como algunos creen. Es una Persona racional con sentimientos quien nos habla y nos dirige y nos guía. Este versículo da testimonio muy claramente de aquello.

Hechos 16:6

"Como el Espíritu Santo no los dejó comunicar el mensaje en Asia, Pablo y los que estaban con él viajaron por la región de Frigia y Galacia."

El Espíritu nos GUÍA en nuestra vida diaria en cuanto a nuestro proceder. Antes de conocer a Jesús, no tenías a nadie que te podía guiar en tu vida de verdad, y ayudarte a no equivocarte en tus decisiones.

El Espíritu Santo HABLA a los Suyos y expresa Su voluntad.

Romanos 8:2

"... porque por medio de él, la ley del Espíritu que da vida te liberó de la ley que trae pecado y muerte."

La Ley del Espíritu da VIDA en Cristo Jesús. Y nos LIBRA de la ley del pecado y de la muerte.

Efesios 3:16

"...para que (Dios) os dé conforme a las riquezas de su gloria, el ser fortalecidos con poder en el hombre interior por su Espíritu."

El Espíritu fortalece nuestro hombre interior, nos edifica para lleguemos a ser mucho más de lo podríamos imaginar o soñar.

Romanos 15:13

"Y el Dios de esperanza os llene de todo gozo y paz en el creer, para que abundéis en esperanza por el poder del Espíritu Santo."

La esperanza es algo muy importante. Siempre debemos tener esperanza y Dios nos quiere darla en abundancia. El Espíritu se encarga de darnos esperanza y que abundemos en esperanza.

Romanos 8:15

"El Espíritu que ustedes han recibido ahora no los convierte en esclavos llenos de temor. Al contrario, el Espíritu que han recibido los hace hijos. Por el Espíritu podemos gritar: «¡Querido padre!»."

Gálatas 4:6 y 7

"Ustedes son hijos de Dios; y por lo tanto, él puso el Espíritu de su Hijo en nosotros, y ese Espíritu grita: «¡Querido padre!». Entonces ya no eres esclavo sino hijo, y por ser hijo, Dios te ha hecho su heredero."

El Espíritu nos LIBERA de la esclavitud, nos da libertad, El mundo y sus vicios esclavizan más Dios nos eleva, nos pone por arriba de las circunstancias.

Él es el ESPÍRITU DE ADOPCION haciendo posible ser HIJO, lo cual hace posible llamar a Dios: Papito.

Romanos 8:26

"De igual manera, el Espíritu nos ayuda en nuestra debilidad.

Por ejemplo, cuando no sabemos qué pedirle a Dios, el Espíritu mismo le pide a Dios por nosotros. El Espíritu le habla a Dios a través de gemidos imposibles de expresar con palabras."

El Espíritu nos AYUDA en nuestra debilidad. Él sabe lo que necesitamos y Él INTERCEDE por nosotros. A veces tenemos una carga para orar pero no sabemos cómo expresarlo en palabras – hay un gemir en nuestro interior. El maravilloso Espíritu Santo sabe cómo ayudarnos y Él mismo intercede al Padre a favor nuestro, haciendo Suya nuestra oración.

Isaías 61:1-3

"El Señor DIOS ha puesto su Espíritu en mí porque el SEÑOR me ungió con aceite para anunciar las buenas noticias a los pobres. Me ha enviado a sanar a los afligidos, a anunciar liberación a los prisioneros y libertad a los presos. Me eligió para anunciar el año en que el SEÑOR se mostrará favorable y el día en que nuestro Dios se vengará. Me eligió también para consolar a todos los que están tristes, para darle al pueblo afligido de Sion una corona en vez de cenizas, aceite de alegría en vez de luto, vestido de alabanza en vez de espíritu triste. Ellos serán llamados robles de justicia, la planta gloriosa del SEÑOR."

El Espíritu Santo nos UNGE para: Predicar buenas nuevas a los pobres,

aliviar a los afligidos,

anunciar libertad a los presos y anunciar el año favorable del Señor,

consolar a los tristes,

dar perfume de alegría a los afligidos de Sión y

dar cantos de alabanza en vez de desesperación.

Gálatas 5:22,23

"En cambio, el Espíritu produce amor, alegría, paz, paciencia, amabilidad, bondad, fidelidad, humildad y dominio propio. No existe ninguna ley en contra de esas cosas."

El Espíritu PRODUCE lo siguiente en nosotros: amor, gozo, paz, paciencia, benignidad, bondad, fe, mansedumbre y templanza.

I Corintios 12:11

"Todo eso lo hace un solo Espíritu y él decide lo que le da a cada cual."

Vale la pena leer todo el pasaje para ver la obra del Espíritu Santo en cuanto a los dones (I Corintios 12:1-31) Cada creyente es dado por el Espíritu Santo por lo menos un don. Es el Espíritu quien elige el don que da a cada uno.

"Nuestro cuerpo tiene muchas partes, pero todas esas partes forman un solo cuerpo. Lo mismo sucede con Cristo: ya sea judíos o no, esclavos o libres, todos hemos sido bautizados en un mismo Espíritu para formar parte de un solo cuerpo; a todos se nos dio a beber del mismo Espíritu." I Corintios 12:12, 13

También es el Espíritu Santo quien hace que cada creyente sea parte de un solo Cuerpo.

Hebreos 2:4

"Dios también la confirmó utilizando señales, maravillas, diferentes milagros y dones que distribuyó según su voluntad por medio del Espíritu Santo."

Nuestra salvación es confirmada por medio de milagros y es la obra del Espíritu Santo repartirlas.

Somos templos del Espíritu Santo

II Corintios 6:16

"El templo de Dios no puede tener ningún pacto con los ídolos y nosotros somos el templo del Dios viviente. Así como Dios dijo: «Viviré y caminaré con ellos; yo seré su Dios y ellos serán mi pueblo»."

El Espíritu Santo es Dios mismo VIVO EN nosotros. Es maravilloso pensar que por más mal que actuemos, por más que le demos la espalda a Dios, Él no nos deja y sigue en nosotros. También es grandioso pensar que Dios no se cansa de estar con nosotros. Cada persona necesita su espacio y de estar a solas en algún momento. Por más que amemos a nuestro cónyuge o nuestros hijos hay momentos que deseamos estar solos; pero Dios no se cansa de nosotros, nunca; Él siempre, siempre estar en nuestra compañía, siempre, siempre está atento a lo que le decimos o lo que necesitamos. ¡Esto es increíble!

I Corintios 6:19

"¿Acaso no saben que su cuerpo es templo del Espíritu Santo? Ustedes han recibido al Espíritu de Dios y habita en ustedes. Entonces, ustedes no son dueños de su cuerpo."

Es asombroso pensar que Dios Todopoderoso, majestuoso y soberano, quien es el Espíritu Santo, no solo viva en nosotros sino que también <u>quiera</u> hacerlo. Y lo hace. Cuando entiendes realmente la grandeza de esta verdad, de que Dios mismo hace su morada en nosotros, te cambia tu forma de pensar y tu forma de vivir.

Efesios 2:22

"Gracias a Cristo, ustedes y los judíos forman parte del mismo templo donde vive Dios a través del Espíritu."

Nosotros somos la vivienda del Espíritu Santo – El mora EN nosotros permanentemente, cada minuto del día y cada día de tu vida. Él está EN nosotros siempre.

Ezequiel 37:28

"Entonces las naciones sabrán que yo, el SEÑOR, santifico a Israel colocando mi templo entre ellos para siempre»."

Somos el templo de Dios – somos el lugar donde habita Dios y Él no cambia de residencia, es para siempre.

El templo consistía en el patio, el Lugar Santo y el Lugar Santísimo. El Lugar Santísimo era donde Dios habitaba.

La Biblia enseña que la naturaleza de Dios es triple, Padre, Hijo y Espíritu Santo. Dios nos creó a su imagen (Génesis 1:27) y nos dio un espíritu, alma y cuerpo.

Nuestro espíritu es el lugar donde el Espíritu Santo viene a vivir cuando nos convertimos y llegamos a ser hijos de Dios. Nuestro espíritu llega a ser, entonces, como el lugar santísimo - el Espíritu Santo vive entrelazado con nuestro espíritu.

Lo que se espera de nosotros como hijos de Dios

Efesios 5:18,19

"No se emborrachen, porque así echarán a perder su vida, mejor llénense del Espíritu Santo. Anímense entre ustedes con salmos, himnos y cantos de alabanza. Canten de corazón melodías al Señor."

Este es un mandato, no una opción. ¡Primero, sed llenos del Espíritu! Una manera de mantenerse llenos del Espíritu es ministrar a Dios en lenguas y hablar y cantar juntos las Escrituras: "hablando entre vosotros con salmos, con himnos y cánticos espirituales.

Santiago 4:5

"¿O pensáis que la Escritura dice en vano: El Espíritu que él ha hecho morar en nosotros nos anhela celosamente?" (RVR1960)

El Espíritu Santo nos ANHELA CELOSAMENTE. Él desea que lo anhelemos a Él también celosamente. Es una relación mutua, una amistad permanente. El Espíritu Santo nos anhela tanto como si fuéramos cada uno la única persona en el mundo, su único amor. Él también desea que lo amemos y lo anhelemos de la misma manera.

Romanos 8:6

"El que se deja controlar por su mentalidad humana tendrá muerte, pero el que deja que el Espíritu controle su mente tendrá vida y paz."

El ocuparse de las cosas del Espíritu trae VIDA y PAZ. ¿Queremos que las cosas nos salgan bien? Si ponemos a Dios en primer lugar tendremos la seguridad de que todo saldrá de la mejor manera.

Romanos 8:14

"Los hijos de Dios se dejan guiar por el Espíritu de Dios."

La OBEDIENCIA AL ESPÍRITU SANTO es la CARACTERÍSTICA de que verdaderamente somos hijos de Dios. De esta manera sabemos si verdaderamente somos hijos de Él. Si no estamos en obediencia, nos engañamos y no somos hijos de Dios.

Gálatas 5:16

"Por eso les doy este consejo: dejen que el Espíritu guíe su vida y no complazcan los deseos perversos de su naturaleza carnal."

El MANDAMIENTO es: ANDAR EN EL ESPÍRITU. Este es nuestro deber como personas que profesan amar a Dios.

II Corintios 13:14

"Que la gracia del Señor Jesucristo, el amor de Dios y la comunión del Espíritu Santo sean con todos ustedes."

Debemos tener COMUNIÓN con el Espíritu Santo. Es lo que se espera de nosotros como hijos.

Así termina la segunda carta del apóstol Pablo al pueblo de Corinto. Es una maravillosa doxología donde menciona las tres Personas de la deidad. En este libro el tema ha sido la Persona del Espíritu Santo y no por ello el Padre y el Hijo se 'sientan ofendidos'. Porque no hay competencia entre las tres Personas. Cada uno exalta al otro y si hablamos a uno y tenemos comunión con el Espíritu Santo no estamos haciendo de menos ni al Padre ni a Jesús

Un hombre lleno del Espíritu Santo

En el Nuevo Testamento hay una persona que no deja de llamar la atención por lo especial que fue. No se relata mucho acerca de su vida pero lo suficiente para que nos demos cuenta de que fue un 'fuera de serie', una persona tan llena del Espíritu Santo que Dios pudo usarlo de manera extraordinaria, no solo en palabra sino también en hechos.

La vida de Esteban es digna de ser tomada como un ejemplo para cada creyente, e imitada, porque sin duda, es evidente todo lo que Dios puede hacer cuando uno se rinde ante el Espíritu Santo y le deja a Él llevar el timón de la vida. Era notable la presencia del Espíritu Santo en todo lo que Esteban decía y hacía.

"Lo propuesto tuvo la aprobación de toda la congregación, y

escogieron a Esteban, un hombre lleno de fe y del Espíritu Santo...Y Esteban, lleno de gracia y de poder, hacía grandes prodigios y señales entre el pueblo... Pero no podían resistir a la sabiduría y al Espíritu con que hablaba... Y al fijar la mirada en él, todos los que estaban sentados en el concilio vieron su rostro como el rostro de un ángel." (Hechos 6:5a, 8, 10,15)

Esteban era un hombre lleno de fe, lleno del Espíritu Santo, lleno de gracia y lleno de poder.

Esteban hacía grandes prodigios y señales. Los pudo realizar porque estaba lleno del Espíritu Santo. ¿Qué significa ser lleno del Espíritu Santo? Pues piensa en un vaso vacío…sólo tiene aire. Si llenas ese vaso de agua, el aire ya no está. A medida que le dejas al Espíritu Santo llenarte, te vacías de ti mismo. Y cuando te has vaciado de lo tuyo, entonces el Espíritu tiene todo el control y puede hacer todo lo que desea y hará esos grandes prodigios y señales en ti. El secreto está en rendirse y dejar que Él tome las riendas de tu vida.

Esteban no solamente fue escogido por la congregación sino que fue elegido por Dios. Esteban nació y fue ordenado para ser el primer mártir en los archivos de la iglesia primitiva. La grandeza de Esteban no estaba en él mismo sino en el poder del Espíritu Santo que moraba en él y se reflejaba y era manifiesta a todos.

Era el Espíritu Santo dentro del él quien hacía los milagros y las maravillas entre la gente. Es el Espíritu Santo y no tú quien hace todas las cosas que se ve que haces tú.

Fue el Espíritu Santo quien le dio a Esteban la gran sabiduría con la cual él habló de manera que nadie podía desacreditar las cosas que decía.

Pero más maravilloso que las cosas que él decía, era el espíritu en la cual las decía. Al hombre le interesa las palabras de los hombres pero Dios prefiere obrar en el espíritu del hombre.

Por toda la grandeza de Esteban, las señales, las maravillas, sus palabras, nada fue de tanta importancia como la pureza interior de su alma.

Fue esa pureza interior que resplandeció en aquella hora, sentado delante del concilio, y escuchaba las falsas acusaciones y sintió el odio que le tenían; no obstante su rostro fue el rostro de un ángel. El perfecto amor lo levantó de la oscuridad del corazón humano y lo colocó en los lugares celestiales, donde él, a través del Espíritu Santo fue consolado y protegido de las acusaciones y aun del dolor de la muerte.

El Espíritu Santo transforma las vidas. Esteban fue un hombre transformado Los discípulos de Jesús también fueron transformados. Eran pescadores, hombres simples sin mucha educación y hombres temerosos antes situaciones nuevas y conflictivas. Pero cuando vino el Espíritu Santo sobre sus vidas, ellos cambiaron por completo. Se llenaron del fuego de Dios, se llenaron de un denuedo incomparable y entonces ¡Pedro pudo dar un discurso que duró horas! Y no solamente fue un buen discurso sino que fue un mensaje tan persuasivo que más de tres mil personas se convirtieron y pasaron a ser parte del reino de Dios. Sin duda fue el Espíritu Santo quien le dio las palabras adecuadas, las palabras precisas para tocar el corazón de aquellas personas empedernidas.

Un cambio tan grande en una persona sólo lo puede hacer el maravilloso Espíritu Santo quien nos da el poder de hacer cualquier cosa en la voluntad del Padre. ¿Acaso no dijo Jesús que haríamos mayores cosas que Él mismo? Sólo hace falta el deseo de hacerlo y la sumisión a Dios para ser guiado y la obediencia para realizarla. ¡Tú puedes!

Si lo anhelas lo buscarás y la promesa de Dios expresa que si lo buscas, lo encontrarás. Lo que pides, dentro de la voluntad de Dios, lo tendrás. ¿Qué más le puedes pedir a un Padre tan amoroso?

"Así que les digo, sigan pidiendo y recibirán lo que piden; sigan buscando y encontrarán; sigan llamando, y la puerta se les abrirá. Pues todo el que pide, recibe; todo el que busca, encuentra; y a todo el que llama, se le abrirá la puerta." Lucas 11:9, 10 (NTV)

"Entonces yo les digo: No se cansen de pedir, y Dios les dará; sigan buscando, y encontrarán; llamen a la puerta una y otra vez, y se les abrirá. Porque todo el que pide, recibe; el que busca, encuentra, y al que llama a la puerta se le abrirá."

"La seguridad que tenemos al estar unidos a Dios es esta: Dios escucha nuestras oraciones cuando le pedimos conforme a su voluntad. Puesto que sabemos que Dios nos oye, tengamos la certeza de que él nos dará cualquier cosa que le pidamos." I Juan 5:14, 15

Una vida santa y el Espíritu Santo

"Como tenemos estas promesas, queridos hermanos, purifiquémonos de todo lo que contamina el cuerpo y el espíritu, para completar en el temor de Dios la obra de nuestra santificación." (II Corintios 7:1)

Dios nos ha dado un llamamiento supremo, el más alto de toda la raza humana, el de ser hijo suyo, aun el hijo del Rey, un miembro de la familia real, un príncipe o una princesa.

Por ese motivo, por tener un llamamiento tan supremo debemos procurar limpiarnos de toda la inmundicia de la carne. Como miembro de la familia real debemos vivir una vida ejemplar de pureza, piedad y perfecta santidad.

Dios nos ha dado su Espíritu Santo para vivir dentro de nosotros para ayudarnos a ser perfectos en santidad. No lo podemos lograr sin Él. El mora dentro de la parte más íntima de nuestro espíritu. El nos levanta más allá de las limitaciones naturales al llamamiento divino de ser como Él.

"Sean perfectos, así como su Padre celestial es perfecto" todavía es el plan de Dios para todas las edades. (Mateo 5:48)

Dios le dijo a Abraham: *"Vive en mi presencia y sé intachable."* (Génesis 17:1) Y Dios te lo dice a ti también. Esto sigue siendo, y siempre será, lo que el Padre desea de nosotros.

Él nos ha entregado TODO Su amor – el cien por cien. Dios no nos ha dado una parte de su amor sino que nos ha entregado absolutamente TODO el amor que Él es. Nos ha entregado la misma vida de su Hijo, Jesús. ¿Acaso hay una historia de amor mayor que ésta?

En cualquier relación los sentimientos deben ser recíprocos por lo tanto el Padre también desea nuestro amor – no un amor forzado sino un amor genuino, un amor que sale del corazón.

Cuando deseamos ser 'perfectos', cuando deseamos ser intachables, estamos demostrando nuestro amor hacia el Padre. Él sabe que sólo Jesús podría calificar de verdaderamente perfecto. Pero el Padre se goza cuando sus hijos <u>quieran</u> ser como Su primogénito, Jesús. Y nuestro amado Espíritu Santo viene a socorrernos y a ayudarnos a lograr ese anhelo de ser como Jesús. Solos es imposible. Nada podemos lograr sin el Espíritu Santo.

No podemos gloriarnos de nada pero le place al Padre nuestro esfuerzo...y entonces nos premia y todo se hace más fácil cuando Él nos ayuda.

Muchos se preocupan por los signos externos de santidad pero en aquel día cuando tu espíritu esté delante del tribunal de Dios para recibir las recompensas, será el espíritu que será juzgado, porque tú eres llamado a la reunión de *"...la asamblea general e iglesia de los primogénitos que están inscritos en los cielos, y a Dios, el Juez de todos, y a los espíritus de los justos hechos ya perfectos,"* (Hebreos 12:23)

Esfuérzate por ser perfecto. Esfuérzate por ser hallado aprobado por Dios.

Muchos no te entenderán, muchos tal vez se mofen. Por cierto, hay que ir en contra de la corriente. Es difícil ser diferente a los demás, sí, pero nuestro deber como hijos es agradar al Padre y no agradar a los hombres.

La santidad en nuestra vida no es algo que debemos tomar ligeramente, como sin importancia. Si lo dudas, medita sobre los siguientes versículos.

Hebreos 12:14 dice claramente *"seguid...la santidad, sin la cual nadie verá al Señor."*

Si deseas ver al Señor, debes vivir en santidad.

"Santificaos, pues, y sed santos, porque yo Jehová soy vuestro Dios." Levítico 20:7

"Como aquel que os llamó es santo, sed también vosotros santos en toda vuestra manera de vivir." I Pedro 1:15

"...porque escrito está: Sed santos, porque yo soy santo." I Pedro 1:16

Elegidos por Dios

Una acepción de la palabra 'santo' es 'apartado' o separado. Somos apartados del mal y somos apartados por Dios para Él. El Padre nos ha separado como su especial tesoro y Él se desvive por derrama sobre sus hijos las más grandes bondades.

"Ustedes son un pueblo elegido por Dios... una nación santa, y un pueblo que pertenece a Dios. Él los eligió para que anuncien las poderosas obras de aquel que los llamó a salir de la oscuridad para entrar en su luz maravillosa." I Pedro 2:9

El Padre nos ha separado para Él. Somos sus preferidos y le place tanto darnos lo mejor.

Nosotros debemos entender el significado de que somos apartados para Dios y debemos apartarnos del mal y de todo lo que Dios desaprueba, ponernos al servicio de Él y su voluntad para realizar lo que Él ha planificado desde hace mucho. Cada uno tiene un plan especial a cumplir pero es nuestra la decisión si lo vamos a realizar o no.

Libertad en Cristo

"Por lo tanto, Cristo en verdad nos ha liberado. Ahora asegúrense de permanecer libres y no se esclavicen de nuevo a la ley. Pues ustedes, mis hermanos, han sido llamados a vivir en libertad; pero no usen esa libertad para satisfacer los deseos de la naturaleza

pecaminosa. Al contrario, usen la libertad para servirse unos a otros por amor. Pues toda la ley puede resumirse en un solo mandato: «Ama a tu prójimo como a ti mismo», pero si están siempre mordiéndose y devorándose unos a otros, ¡tengan cuidado! Corren peligro de destruirse unos a otros." Gálatas 5:1, 13-15 (NTV)

La vida guiada por el Espíritu es diferente de la vida según la carne porque hay libertad. Cuando vivimos según la carne estamos esclavizados a deseos impuros, acciones equivocadas, palabras de insulto etc. etc. El Espíritu nos libra de todas esas impurezas y nos da la fuerza para vencer esas costumbres que sólo nos destruyen por dentro y por fuera.

En el cielo no hay esclavitud alguna como las que se mencionan en Gálatas 5:19-21. Esas cosas no pertenecen al Reino de Dios. Has sido llamado a la vida según el Reino el cual es la vida llena del Espíritu.

Examina tu corazón. ¿Alguna de esas maldades te controlan? Entonces estás bajo la ley y la maldición. Porque estas maldades pertenecen a las leyes de la tierra que destruyen naciones de personas.

Cristo fue levantado para que nosotros fuésemos levantados por sobre la esfera de la tierra. Debes ser levantado a través de la crucifixión. Abandona la vida mundana del pasado o perecerás y perderás tu herencia. Te quedarás fuera del Reino de Dios y continuarás existiendo con deseos y pasiones mundanos que te consumirán durante la eternidad porque los fuegos del infierno no se extinguirán nunca.

Clama desesperadamente al Señor por liberación. Mortifica los hechos de la carne. Mata los hechos de la carne al vivir piadosamente. La antigua vida por completo debe ser abandonada – los actos incorrectos, los pensamientos equivocados, los afectos incorrectos y todos los deseos. El amor a sí mismo y la rebelión deben ser crucificados.

Vivir por el poder del Espíritu

Gálatas 5:16-26

"Por eso les digo: dejen que el Espíritu Santo los guíe en la vida. Entonces no se dejarán llevar por los impulsos de la naturaleza pecaminosa. La naturaleza pecaminosa desea hacer el mal, que es precisamente lo contrario de lo que quiere el Espíritu. Y el Espíritu nos da deseos que se oponen a lo que desea la naturaleza pecaminosa. Estas dos fuerzas luchan constantemente entre sí, entonces ustedes no son libres para llevar a cabo sus buenas intenciones, pero cuando el Espíritu los guía, ya no están obligados a cumplir la ley de Moisés.

Cuando ustedes siguen los deseos de la naturaleza pecaminosa, los resultados son más que claros: inmoralidad sexual, impureza, pasiones sensuales, idolatría, hechicería, hostilidad, peleas, celos, arrebatos de furia, ambición egoísta, discordias, divisiones, envidia, borracheras, fiestas desenfrenadas y otros pecados parecidos. Permítanme repetirles lo que les dije antes: cualquiera que lleve esa clase de vida no heredará el reino de Dios.

En cambio, la clase de fruto que el Espíritu Santo produce en nuestra vida es: amor, alegría, paz, paciencia, gentileza, bondad, fidelidad, humildad y control propio. ¡No existen leyes contra esas cosas!

Los que pertenecen a Cristo Jesús han clavado en la cruz las pasiones y los deseos de la naturaleza pecaminosa y los han crucificado allí. Ya que vivimos por el Espíritu, sigamos la guía del Espíritu en cada aspecto de nuestra vida. No nos hagamos vanidosos ni nos provoquemos unos a otros ni tengamos envidia unos de otros." (NTV)

Hay sólo dos tipos de vida, la vida en el Espíritu que es pura y santa y agrada al Señor, o la vida que se dedica a lograr los placeres de la carne.

Nacer de nuevo significa que uno ha dejado atrás la vida según la carne y al nacer otra vez, uno tiene una mente nueva, un deseo nuevo, una nueva emoción y un objetivo completamente nuevo.

Para poder pasar de la vida según la carne a una vida dirigida por el Espíritu uno debe nacer de nuevo. Uno no puede nacer de nuevo sin primero morir. El viejo 'yo' que nació en pecado debe morir. El viejo 'yo' debe ser crucificado con Cristo o se perderá aunque actúes de manera religiosa y cumplas las reglas religiosas y vivas según un código nuevo de ética. Mientras los viejos deseos de la carne arden en ti, aún estás viviendo en la esfera de la carne y te destruirás a ti mismo.

Debes crucificar la vida antigua. Debes ser radical contigo mismo; debes despreciar tu debilidad y abandonarla. No lo cubras con excusas de debilidad. La gracia de Dios es suficiente; es suficiente para lograr caminar la vida según el Espíritu.

Caminar en el Espíritu Santo

Hay áreas de nuestra vida y carácter que pueden entorpecer el Espíritu Santo y su fluir en nuestras vidas. Cada vez que el Espíritu Santo pone de manifiesto algo en nuestra vida que sea un obstáculo para Él, permite que Dios trate contigo. Este proceso lleva tiempo e implica obediencia, honestidad y dolor pero a la larga traerá mayor libertad en el Espíritu Santo y para ti.

"Ciertamente les aseguro que si el grano de trigo no cae en tierra y muere, se queda solo. Pero si muere, produce mucho fruto." Juan 12:24

Watchman Nee lo expresa de esta manera:

"La vida es en un grano de trigo. El grano tiene una cáscara en el exterior. Mientras que la cáscara no sea abierta, el trigo no puede crecer. La pregunta es, no si hay vida en el interior, sino si la cáscara exterior ha sido rota."

La persona que ama su vida la perderá, mientras que la persona que no vive para enriquecerse en este mundo lo tendrá para toda la eternidad.

La vida llena del Espíritu contra la vida en la carne

Un pasaje grandioso sobre la vida en el Espíritu contrastado con la vida en la carne es el siguiente.

Romanos 8:1-27

"Así pues, ahora Dios no condena a los que están unidos a Jesucristo porque por medio de él, la ley del Espíritu que da vida te liberó de la ley que trae pecado y muerte. Lo que la ley no podía hacer porque no pudo contra la naturaleza humana, Dios lo hizo al enviar a su Hijo, quien vivió con la misma vida con la que todo ser humano peca. Lo envió como una ofrenda para pagar por el pecado y así Dios se valió de esa vida humana para condenar el pecado. Todo esto lo hizo Dios para que pudiéramos vivir

aprobados tal como exige la ley. Ya no vivimos de acuerdo a la naturaleza humana, sino que vivimos de acuerdo al Espíritu.

Los que siguen la mentalidad humana, sólo piensan en satisfacerla, pero los que viven según el Espíritu sólo piensan en satisfacer al Espíritu. El que se deja controlar por su mentalidad humana tendrá muerte, pero el que deja que el Espíritu controle su mente tendrá vida y paz. Cuando alguien se deja controlar por su mentalidad humana, está en contra de Dios y se niega a obedecer la ley de Dios. De hecho, no es capaz de obedecerla; los que tienen la mentalidad humana no pueden agradar a Dios.

En ustedes no predomina la mentalidad humana sino la del Espíritu, porque el Espíritu de Dios vive en ustedes. El que no tiene el Espíritu de Cristo, no pertenece a Cristo. El cuerpo de ustedes está muerto por culpa del pecado, pero si Cristo está en ustedes, Dios los aprobó y el Espíritu les da vida. Dios resucitó a Jesús de la muerte. Y si el Espíritu de Dios vive en ustedes, el mismo que resucitó a Cristo le dará vida a su cuerpo mortal por medio del Espíritu que vive en ustedes.

Por eso hermanos, tenemos una obligación pero no es la de vivir según la mentalidad humana. Si viven de acuerdo con la mentalidad humana, morirán para siempre, pero si usan el poder del Espíritu para dejar de hacer maldades, vivirán para siempre.

Los hijos de Dios se dejan guiar por el Espíritu de Dios. El Espíritu que ustedes han recibido ahora no los convierte en esclavos llenos de temor. Al contrario, el Espíritu que han recibido los hace hijos. Por el Espíritu podemos gritar: «¡Querido padre!» El Espíritu mismo le habla a nuestro espíritu y le asegura que somos hijos de Dios. Por ser hijos de Dios recibiremos las bendiciones que Dios tiene para su pueblo. Dios nos dará todo lo que le ha dado a Cristo, pero también tenemos que sufrir con él para compartir su gloria."

"Yo reconozco que tenemos que sufrir ahora, pero esos sufrimientos no son nada comparados con toda la gloria que vamos a recibir después. Toda la creación de Dios está esperando con impaciencia el momento en que Dios muestre al mundo quiénes son sus hijos. La creación no pudo alcanzar su propósito original, pero no por causa de ella, sino porque Dios así lo dispuso. Sin embargo, queda esta esperanza: que la creación será liberada de la esclavitud de la corrupción para disfrutar luego la grandeza de los hijos de Dios.

Todos sabemos que hasta hoy toda la creación se queja de dolor y sufre como una mujer con dolores de parto. No sólo el mundo, sino también nosotros sufrimos, pero ya tenemos el Espíritu como anticipo de la promesa de Dios. Ahora esperamos que Dios nos dé todos los derechos como hijos suyos cuando nuestro cuerpo sea liberado. Cuando fuimos salvos recibimos esa esperanza, pero una esperanza que se ve no es realmente una esperanza, ¿para qué esperar lo que ya se ve? En cambio, nosotros estamos esperando lo que aún no podemos ver y lo esperamos con paciencia.

De igual manera, el Espíritu nos ayuda en nuestra debilidad. Por ejemplo, cuando no sabemos qué pedirle a Dios, el Espíritu mismo le pide a Dios por nosotros. El Espíritu le habla a Dios a través de gemidos imposibles de expresar con palabras. Pero Dios nos conoce a fondo y entiende lo que el Espíritu quiere decir, porque el Espíritu ruega a favor de su pueblo santo de acuerdo a la voluntad de Dios."

Sobre los versículos de este pasaje el reconocido evangelista Smith Wigglesworth dice lo siguiente:

"'El ocuparse del Espíritu es vida y paz.' La paz perfecta

es don de Dios, pero que nuestras mentes permanezcan en él es responsabilidad nuestra. Debes actuar siempre de acuerdo a la Palabra de Dios. No puedes depender de tus sentimientos, de lo que ves, o de cualquier otra cosa. No confíes en aquello que está en el plano natural.

Este capítulo ocho de Romanos es un gran pico de la verdad divino. Si puedes meterte en este capítulo, serás a prueba de pecado y a prueba del diablo.

Cristo está dentro de ti. Dentro de ti hay un poder más grande que cualquier cosa que exista en el mundo.

Debes reclamar que todo tu cuerpo sea conservado en estado de pureza. Cristo en ti es mayor que cualquier poder carnal. Si usas tu voz, tienes derecho a reprender la carnalidad.

Exactamente tal como Cristo fue creado en María, así también en nosotros. La semilla debe producir la manifestación de los hijos de Dios.

Hay una vida dentro de tu vida, una mente dentro de tu mente, una ley de Dios gobernando en tu cuerpo mortal. Nunca debes darte por vencido porque seas tentado y probado, porque Dios castiga a los suyos. Si Él no nos castigara, esto indicaría que no somos hijos, sino bastardos, porque Él te castiga para que compartas su santidad.

Dios nos ha revestido del Espíritu de revelación para que podamos saber a su debido tiempo fuera de qué y dentro de qué nacimos. ¿Qué es que el cielo haya descendido, sino una condescendencia de Jesús en carne humana?

Quiero llevarlos a un hambre mayor de santidad y pureza. En el momento en que miramos hacia arriba, cuando estamos en ese momento de ternura con el Señor Jesús, se abren los cielos.

Lo que haya sucedido en mi vida hasta este momento no tiene importancia. Lo que importa es lo que Dios es para mí ahora.

Tenemos el poder de poner en un lugar de desamparo las obras de la carne, y así empezar a vivir en el Espíritu. Toda la gloria se centra en el amoroso Jesús debido a una voluntad rendida."

Ser lleno del Espíritu

Ser lleno del Espíritu Santo significa renunciar a uno mismo y los deseos propios para que sea el Espíritu quien guíe nuestra vida, sabiendo que siempre lo que Él desea es mucho mejor que nuestros propios deseos. El camino del Espíritu es infinitamente mejor que el nuestro y siempre habrá más satisfacción personal haciendo la voluntad de Dios y no la nuestra.

Rendirse

El primer requisito es rendirse, perderse uno mismo en los brazos de un 'invisible'. Esto es algo muy difícil para la mayoría, especialmente para los que están en el liderazgo porque se espera que ellos tengan todo bajo control. En una reunión pública es la tarea del líder saber qué hacer en todo momento y cómo llevar adelante esa convocatoria. Pero si quieres más del Espíritu Santo debes hacer lo opuesto – debes abandonarte, debes dejar a un lado tus ideas, tus decisiones, tu manera de dirigir y dejar que Él lo haga todo. Es difícil porque es como lanzarse al vacío y no saber lo que viene. Pero cuando vences ese miedo y le das el control al Espíritu Santo, verás que suceden cosas asombrosas, verás los prodigios y las señales y el ambiente será el ambiente del cielo.

Un consejo importante aquí es olvidarse del reloj. El reloj es en este momento nuestro enemigo porque nos marca un límite y eso es exactamente lo que no le entusiasma al Espíritu Santo. Si le damos lugar, Él se hace sentir desde el principio pero para experimentar lo grandioso, por lo general Él llega tarde a nuestra manera de pensar. Llega cuando la reunión tendría que terminar. Pero es que Él desea esperar porque desea ser anhelado, desea ver nuestra desesperación por más de Él, desea escucharnos clamar por su Presencia. Y entonces Él llega para premiar los que le han aguardado, los que tienen paciencia y hambre del cielo.

Las cosas del cielo tienen un precio, un gran precio. No es 'soplar y hacer botellas'. No es un abracadabra y allí aparece. No se tiran las perlas a los cerdos. Eso quiere decir que cuando se trata del Espíritu Santo se debe andar con respeto. Nosotros no lo controlamos a Él. Él hace lo que Él quiere y nosotros no lo podemos manejar en absoluto.

Él obra con mayores señales dónde le dan la

bienvenida y dónde puede trabajar con libertad. Para que Él trabaje con libertad debe tener todo el control.

Un sacrificio

Y ahora otro principio importante. Lo que te regalan no es valorado como aquello que te costó mucho. No se aprecia lo que no te costó nada. Si deseas algo y tienes que ahorrar mucho tiempo y te ha demandado mucho sacrificio, lo vas a apreciar muchísimo más que aquello que no te costó ningún esfuerzo. Así es con nuestra relación con el Espíritu Santo. Si lograr un profundo conocimiento de las cosas espirituales fuera algo fácil y rápido y sin esfuerzo, no le daríamos su verdadero valor. La verdad es que las cosas espirituales que pertenecen al cielo y a nuestro Dios son los secretos más sublimes que existen y para lograrlos nos demandará nuestro ferviente deseo por obtenerlos, demandará nuestro clamor, nuestras lágrimas, nuestras vigilias, nuestro sacrificio y ayunos y nuestro gran esfuerzo.

Sucedió algo en la vida de David que nos da un ejemplo excelente. Lo podemos leer en II Samuel 24:24. David quería ofrecer un sacrifico a Dios y Arauna quería regalarle un campo para ello pero David le dice: *"Te lo agradezco, pero tengo que comprártelo todo pagándote lo que vale, pues no presentaré al Señor mi Dios holocaustos que no me hayan costado nada."* (DHH)

Dios exige un sacrificio de nuestra parte antes de revelarse porque así nunca te olvidarás del gran esfuerzo que te costó encontrarlo y llegar a intimar con Él y valorarás su Persona como ninguna. Dios no quiere tu limosna – lo que te sobra y lo que no te costó mucho y del cual no te cuesta desprender. Cuando le ofreces algo a Dios Todopoderoso debes darle lo mejor – lo mejor de ti, el mejor esfuerzo, tu mejor tiempo, tu mejor ofrenda de dinero. Eso es lo que Dios acepta y recompensa. Dios acepta y recibe lo que para ti es un sacrificio.

A Dios le place esconderse para poder ser encontrado. ¿Te acuerdas cuando jugabas de niño a las escondidas? Había un alboroto para encontrar el lugar adecuado y en el momento del descubrimiento había gritos y saltos de alegría. Así es con nuestra búsqueda por más del Espíritu Santo. Es un esfuerzo, lleva su tiempo, involucrará sacrificios de diversas índoles pero cuando lo encuentras hay gran júbilo – como la mujer que encontró la moneda perdida. ¡Encontraste lo que tanto buscabas! No lo soltarás nunca y nadie te lo podrá quitar.

Nuestra relación con el Espíritu Santo y con nuestro Dios es como cualquier relación que podamos tener aquí en la tierra. La intimidad entre dos personas no es sino después de conocerse durante mucho tiempo. Después de conocerse un tiempo uno puede decir que hay una amistad entre los dos y al ir conociéndose más y relacionándose más y más uno realmente llega a conocer todo de la otra persona. No se logra en un día ni en un año….lleva su tiempo. Y a nuestro Dios le place muchísimo esa relación paulatina pero segura…ese conocerse en las buenas y en las malas porque es una relación duradera y para nosotros es una aventura emocionante ir descubriendo de a poco cómo es nuestro maravilloso Dios.

Y, cómo en la parábola de la perla de gran precio, cuando has encontrado lo que tanto te ha costado obtener, no la vas a soltar nunca. Y la vas a valorar tanto porque te ha costado TODO.

Cambiando la carne por el Espíritu

Comparto nuevamente de los escritos de Smith Wigglesworth:

"Nosotros somos naturales, muy naturales, pero Dios tiene todo para contrarrestar nuestra carnalidad.

Nunca pienso qué voy a decir cuando estoy sobre la plataforma, porque cuando ha venido el Espíritu Santo, debemos ser proféticos. Creo en ser absorbido por el poder del Espíritu Santo. Estoy en plan de atreverme, de actuar en el Espíritu Santo.

Esta reunión fue preparada antes de que el mundo fuera, y estamos en los designios de Dios.

El plan de Dios para tu vida es que llegues a quedar cautivo de su poder, haciendo lo que en el ámbito natural jamás harías, sino lo que el poder del Espíritu Santo, que se mueve por medio de ti, te mueva a hacer.

Todos los que están aquí y son salvos tiene un millón de veces más de lo que saben. Todas las cosas son posibles; sólo debes creer. Eso es todo.

Creo que en el momento en que crees, se multiplica la gracia porque estás actuando en fe. Quieres paz, y el plan de Dios es multiplicar la paz. *("Gracia y paz os sean multiplicadas."* I Pedro 1:2)

Paz como un río, que nada perturba; ésa es tu herencia. Aunque tuvieras diez millones de libras a tu disposición, no podrías comprarla. Viene al corazón quebrantado y contrito, el corazón que dice por dentro Amén a Dios y no quita ese Amén por nada.

¡Quiero que le prometas a Dios que, a partir de este momento, no retrocederás en pensamiento, ni en acción, ni volverás atrás la mirada!

Todo creyente tiene cuatro cosas: sabiduría, justificación, santificación y redención. Cuanto más temor del Señor tenemos, más sabiduría tenemos. Cuando un hombre se sale de la voluntad de Dios, comienza a ser necio.

Todo hijo de Dios, al recibir el Espíritu Santo, obtiene una revelación de la majestad de aquello que ya está en su naturaleza en el nuevo nacimiento: *Cristo en vosotros.* En el bautismo en el Espíritu Santo, es coronado;

coronado en majestad.

No se puede comprar o vestir o vender excepto lo que es agradable al Señor. Jesús se convierte en el Señor de tus pasiones y deseos. Amas lo que Dios ama y odias lo que Dios odia.

Todos los dones deben funcionar en cada uno de nosotros, pero tenemos que tener el cuidado de utilizarlos sólo en la forma que el Espíritu Santo nos mueva a hacerlo (I Corintios 12) La Palabra de Dios no puede ser cambiada, y dice que debes procurar los dones mejores. Dios quiere que su pueblo arda en la actividad del Espíritu Santo.

Hay nueve dones, nueve tipos de frutos, y nueve bienaventuranzas; una hermosa vestidura para el pueblo de Dios.

Es un gran honor para el cuerpo ser templo del Espíritu Santo. Me alegra que la Palabra de Dios me haya revelado que en el bautismo del Espíritu Santo, el Espíritu mora en mí. Él tiene más poder para iluminarme al Señor Jesús. Cuando recibimos del Espíritu Santo, no recibimos el don, sino al Dador de los dones.

Me niego a usar un don a menos que el Espíritu Santo manifieste su poder para ponerlo en funcionamiento. Si tan sólo el pueblo de Dios creyera que deben ayudarse unos a otros, aprovecharían cada minuto. Querrían dedicar cada minuto a Dios.

¿Cuándo se malogra una profecía? Cuando sigues hablando después de haber terminado.

¿Cuándo se malogra una oración? Cuando comienzas en el espíritu, pero después de haber terminado, sigues en la carne.

¿Cuándo se malogra una predicación? Cuando sigues después de haber terminado.

La fe es la audacia que se regocija en el hecho de que Dios no puede faltar a su propia Palabra. La fe no es agitación: es una tranquila confianza de que Dios habla en serio, y que actuamos basándonos en su Palabra.

Jamás podríamos hacer nada, si no fuera por el nombre de Jesús. Nuestra santidad no podría hacerlo. Pero la justicia de Cristo y el poder de Dios fluyendo a través de nosotros ponen en acción la omnipotencia, y todas las cosas son posibles."

Un perfume fragante

"Pero tenemos este tesoro en vasos de barro, para que la extraordinaria grandeza del poder sea de Dios y no de nosotros." II Corintios 4:7

"María, tomando una libra de perfume de nardo puro que costaba mucho, ungió los pies de Jesús, y se los secó con los cabellos, y la casa se llenó con la fragancia del perfume." Juan 12:3

María no reparó en verter un costoso perfume sobre los pies de Jesús. Y la casa se llenó de la fragancia del perfume.

Imagina el impacto que puede hacer 450 gramos del

más exquisito perfume derramado en una habitación. Cuando hemos permitido que Dios nos quebrante, nosotros somos la fragancia de Cristo y de esa manera la presencia del Espíritu Santo es liberado.

2 Corintios 2:14

"Así que, ¡gracias a Dios!, quien siempre nos lleva en triunfo en el desfile victorioso de Cristo. Ahora nos usa para difundir el conocimiento de Cristo por todas partes como un fragante perfume." (NTV)

Pídele al Espíritu Santo que te llene con su poder, que te enseñe y te guíe. Él es nuestro amigo y socio en el evangelismo. Anticipa el fluir de sus dones. Anticipa Sus palabras de conocimiento, su discernimiento, Su inspiración y que Su fe sea manifiesto en ti. Anticipa que el Espíritu Santo te hable a ti y así será y lo verás.

Siempre hay más en el Espíritu Santo

Sí, siempre hay más en el Espíritu Santo. No hay límites para Dios – va más allá de nuestros pensamientos e imaginación. Él siempre hace más de lo que podríamos soñar o pensar. Sólo hay que darle el lugar.

Si anhelamos y buscamos más, sabemos con certeza que tendremos más de Él. En Dios no hay un punto final porque Él es sin límites. Al desarrollar nuestra relación con Él y estar consciente de su presencia, veremos un derramamiento mayor de Su poder sobrenatural para sanidades, señales y prodigios. Nuestra relación continua y creciente con Él es vital. Él nos enseñará, nos guiará y nos llevará a aventuras asombrosas con Él mismo.

Una vivencia con el Espíritu Santo

Una de las experiencias espirituales que más me ha impactado es la que relata el pastor John Arnott en su libro" La Bendición Del Padre", donde comparte una visión que tuvo su esposa Carol. Espero que te impacte también y te bendiga.

"Nuestra iglesia oró por Carol y por mí antes de que saliéramos en un viaje evangelístico a Europa Oriental en febrero de 1994. Ella cayó sobre la plataforma. Vimos que sus manos y sus pies se movían, y de tanto en tanto levantaba los pies en el aire y los movía como si estuviera corriendo. Luego se quedaba quieta durante un rato hasta que volvía a repetir esos movimientos. Nos preguntábamos qué le estaría sucediendo. Luego nos relató la visión que había tenido: la primera en toda su vida.

Mientras estaba allí tendida, sentí que la presencia del Señor venía sobre mí. Repentinamente vi un bello prado con toda clase de flores esparcidas en su extensión. Yo me preguntaba dónde estaba. Jesús vino y me entregó un ramo de lirios del valle, una flor muy especial para mí porque John me regaló un ramo hace algunos años, cuando estaba pasando por un momento difícil de mi vida. El Señor me había dicho entonces: "Carol, los lirios de los valles sólo crecen en los valles. No crecen en las cimas de la montaña. Cuando pases por los valles de la vida, debes buscar los lirios que Yo he puesto allí para ti." Eran un recordatorio de Su fidelidad durante las horas más oscuras de la vida.

En la visión, Jesús y yo caminábamos por el prado y hablábamos de corazón a corazón. Comenzamos a correr y a jugar, y compartimos un tiempo maravilloso y muy íntimo. Entonces él se detuvo y me dijo: "¿Me devuelves el ramo?" Y yo le dije: "Está bien, está bien", y con bastante pesar se lo entregué. Él comenzó a caminar alrededor y reunió flores de distintos colores (rojas, púrpura, blancas y amarillas) e hizo con ellas una guirnalda. Luego entretejió los lirios de los valles en la guirnalda y me la puso en la cabeza. Entonces vi que le agregaba un velo de novia muy largo y blanco.

La escena cambió, y me vi caminando, tomada de Su brazo. Yo miraba alrededor y pensaba: "Pero...no reconozco este lugar. ¿Dónde estoy? No me resulta familiar." Entonces miré hacia abajo, y pensé: "¡Oh, pero esto es oro! Oh, Dios mío, estoy caminando sobre las calles de oro. ¡Esto es el Cielo! Soy la novia de Cristo. Estoy casándome con Jesús. Este es el día de la boda.

¡Señor, esto es increíble!"

Lo que sucedió a continuación me recordó con ternura cuán personal es el Señor para cada uno de nosotros. Cuando estoy desanimada o cargada por los problemas de la vida, voy a ver terneritos o potrillos u otros animales recién nacidos; es algo que me refresca y me llena. Siempre he dicho: "¡Oh, Señor, no veo la hora de ir al Cielo para poder abrazar a un tigre!" Quiero poner mi rostro sobre su piel y darle un gran abrazo.

A medida que avanzaba la visión, a los costados del camino estaban todos estos animales, llenos de brillo y alegría. Había tigres, corderos y potrillos...también estaban mis dos perros. Fue algo que realmente me bendijo.

Entonces la escena cambió otra vez; estábamos en un salón enorme. Mesa tras mesa tras mesa, hasta donde alcanzaba la vista, estaban preparadas con manteles y copas y vajilla. Había candelabros y bellísimos arreglos florales, y las comidas más deliciosas, como lo que podría verse en la coronación de un rey; para verdaderos gourmets, muy elegante. Me di cuenta de que esta debía de ser la fiesta de bodas. "Yo me casé contigo, y seguramente éste es el banquete", dije, maravillada. "Pero no veo a nadie, Señor, ¿Dónde está la gente?"

Al volverme, vi a muchas personas. Eran bellísimas, vestidas con las ropas de bodas más elegantes que se puedan imaginar. Sus rostros brillaban. Pensé: "Señor, quiénes son estas personas?" Y Él me respondió: "Son los marginados, los pisoteados. Los he obligado a venir a mi fiesta de bodas."

Yo estaba de pie en un lugar despejado, cuando Jesús vino y me dijo: "Carol, ¿me haces el honor de concederme este primer baile?" pensé: "Oh, no, no puedo bailar. El velo es demasiado largo." Tan pronto como lo pensé, de la nada aparecieron unos cardenales y azulejos, todos estos pajaritos, que levantaron el velo, y dancé con Jesús.

Luego supe que mientras yo estaba tendida en la plataforma, mi amiga Shirley vino y cantó sobre mí. Pero en la visión, era Jesús quien cantaba. Cantaba que yo era Su tesoro, Su elegida; cantaba todos los pasajes bíblicos que le había dicho a mi corazón cuando me convertí.

Cuando la visión terminó, pensé "Oh, Señor. ¿Eso fue solamente para mí? ¡No puedo creer que sea todo para mí!" Y Él me dijo: "Quiero que te pongas de pie y compartas esta visión con la gente. Cuando hayas terminado, quiero que les digas que mi fiesta de bodas está casi preparada; casi lista. Diles que no deben ser como las vírgenes insensatas, sino como las cinco vírgenes prudentes.

Este es un tiempo en el que estoy derramando mi Espíritu. Estoy derramando el aceite que pueden comprar, y pueden ser llenadas, una y otra vez. Este es el tiempo para que mi iglesia, mi esposa, sea llena del aceite del Espíritu Santo. Cuando esté llena, yo los derramaré en los caminos y las carreteras. Los esparciré por todas partes, y no tendrán que evangelizar como lo hacían antes. Al estar la iglesia tan llena del Espíritu, los desnudos y los desamparados y los quebrantados entrarán a mi reino. Entonces vendré a buscarlos."

Anhelando más del Espíritu Santo

Pablo les da un mandamiento a los Gálatas: *"Andad en el Espíritu"* (Gálatas.5:16 y 25)

La experiencia de ser lleno del Espíritu Santo no es una experiencia única sino que significa un acción continua. (Efesios 5:18) Todos los días debemos beber del Espíritu Santo y ser llenos nuevamente.

Dios está buscando un pueblo que tenga deseos de ser llenado continuamente por su Santo Espíritu, que tenga hambre de Él, y pasión por conocerlo íntimamente.

El pueblo de Israel, en el desierto, vio la poderosa mano de Dios obrando milagro tras milagro. Sin embargo, en su peregrinaje no buscaron a Dios para amarlo y obedecerlo. Sólo les interesaba los beneficios que Dios les daba. El Salmo 81:11 dice al respecto: *"Pero mi pueblo no oyó mi voz, Israel no me quiso a mí."* Y Dios se lamentaba con dolor: *"¡Oh, si me hubiera oído mi pueblo, si en mis caminos hubiera andado Israel! En un momento habría yo derribado a sus enemigos, y vuelto mi mano contra sus adversarios."* (v.13, 14)

¿Puedes sentir el dolor de Dios? Pues Su mayor deseo es tener comunión con nosotros. El desea nuestro amor, nuestra atención.

Moisés era distinto. Su mirada no estaba en los beneficios ni en las obras de Dios. Su mirada estaba puesta en el rostro de Dios, en Su misma Persona. Mientras el pueblo clamaba: "¡Queremos agua! ¡Queremos comida!" Moisés oraba: "Muéstrame tu gloria, quiero conocerte, te quiero a ti..." Y Dios se reveló a Moisés porque El estaba deseoso de revelarse a sí mismo. Todo depende de nuestra hambre por Él.

Un deseo ardiente

Primero, entonces, debe haber un deseo ardiente de andar en el Espíritu, que es parte de esa búsqueda intensa de Dios. Pues un conocimiento mayor de Dios es un conocimiento mayor del Espíritu Santo y un caminar en Él cada vez mayor.

Esto no es algo que se logra fácilmente ni rápidamente. Pero Dios honra el deseo de conocerlo más y ese sincero intento de buscarlo – y...se da a conocer.

Dios nunca revela Sus secretos sin mucho sacrificio. Encontrar a Dios no es una cosa fácil ni rápida porque El espera para ver si nuestro deseo es sincero y para ver cuánto estamos dispuestos a sacrificar para lograr nuestro deseo de tener mayor comunión con El.

Muchas veces en nuestra búsqueda, Dios nos llevará a un desierto; el arroyo está seco, las circunstancias son adversas, no entendemos el por qué de lo que nos sucede y en vez de avanzar sentimos que estamos retrocediendo en nuestra vida espiritual. Sentimos que Dios está lejos, no contesta nuestra oración, nos sentimos solos, abandonados y no entendemos lo que nos sucede. (Puedes ver un ejemplo de esto en la vida de Moisés, Elías y otros. *"Pero he aquí que yo la atraeré y la llevaré al desierto, y hablaré a su corazón. Y le daré sus viñas desde allí, y el valle de Acor por puerta de esperanza; y allí cantará como en los tiempos de su juventud, y como en el día de su subida de la tierra de Egipto."* Oseas 2:14, 15)

Pero no te rebeles en esta situación. Esta es la escuela de Dios y hay muchas lecciones que Dios quiere enseñarte. Este es el período de preparación. Los propósitos de Dios se llevarán a cabo pero siempre hay un período largo de preparación lo cual es muy necesario. Por eso no desprecies los tiempos 'áridos.' Debes estar alerta para aprender. Y nuestro mayor aprendizaje viene a través de situaciones dolorosas y difíciles. Aprender a confiar verdaderamente en Dios es una de las mayores lecciones y sin situaciones adversas, esto no se logra.

¿Estás en pruebas? Ayuna, ora, gime delante de Dios. ¡Busca el verdadero pan que descendió del cielo! Esta es tu necesidad principal.

Es necesario seguir creciendo en el camino de Dios. El tiene etapas maravillosas que aún debemos descubrir. Nos dice: *"Clama a mí, y yo te responderé, y te enseñaré cosas grandes y ocultas que tú no conoces."* (Jeremías 33:3)

Cuando entramos en el río de Dios, el Señor nos invita a internarnos en aguas más profundas, a alcanzar nuevas metas. El Espíritu nos dice: "No te quedes con lo que has recibido. Yo soy el río. Métete más y más adentro." En la intimidad con Jesús cosecharemos un fruto extraordinario, abundancia de peces; seremos protagonistas en su Reino. Pues el tener mayor intimidad con El, te pondrá en situaciones para bendecir a otros y ser un instrumento suyo, cumpliendo sus propósitos.

Sólo tú le pones límites al Espíritu Santo pues El tiene propósitos altos para cada uno. Sólo tú le pones trabas para que se cumplan estos propósitos y que seas canal de mucha bendición. Escuchamos su suave voz pero decimos: "No, ahora no, más tarde." Y no nos entregamos. Lo triste es, que una vez que nos hayamos negado a la voz del Espíritu, El tarda mucho en llamarnos nuevamente.

Tener hambre de Dios es ansiar llenarnos de Dios. Para ser un cristiano ungido, lleno de bendición, hay que "tener hambre y sed de justicia." (Mateo.5:6) Jesús dijo: *"Bienaventurados los que tienen hambre y sed de justicia"* lo cual implica tener hambre de Cristo mismo, hambre de vivir Su vida. Esto es posible cuando el Reino de Dios se hace realidad en nuestra forma de ser, en nuestra forma de criar los hijos, en nuestra forma de conducirnos en la sociedad. Es fe, en un sentido bien concreto, de forma visible.

Ese deseo de llenarnos de Dios vendrá a través del deseo de conocer a Dios por quién es y no por los beneficios que El puede impartir.

Cuando venimos ante Dios a buscar más de Él, no lo podemos hacer con vidas desordenadas y manchadas, por lo tanto es necesario humillarse y arrepentirse de todo lo que lo haya ofendido. No podemos esperar bendición de Dios si hay pecado intencional o premeditado en nuestras vidas. Es necesario ofrecerle una vida santa y separada para Él.

Humillarse

Y hablando de humillarse, ésta debe ser una actitud constante ante Dios pues nada lograremos de Él con una actitud arrogante o altanera. A veces podemos venir ante El con la actitud de que El nos debe algo, o que merecemos algo de Él. Esto es erróneo. Nada somos y nada merecemos y si tenemos algo es por pura gracia.

Salmo 138:6 *"Jehová es excelso, y atiende al humilde, mas al altivo mira de lejos."* La soberbia es una cualidad que no permite que el Espíritu de Dios obre. Revisemos nuestras vidas constantemente si hubiere altivez y así impidiendo que Dios obre en nosotros.

Por eso Jesús dijo que deberíamos acercarnos a Dios como si fuéramos niños pequeños. El niño pequeño no llega a su papá con orgullo o prepotencia – todo lo contrario - el niño se acerca con naturalidad, con cariño y confianza sabiendo que su papá sabe más y puede más que él. Tiene tanta confianza en su papá que se puede abandonar en sus brazos y sabe que su papá lo va a cuidar y proteger. Y el papá puede hacer cualquier cosa con su hijo porque el hijo se lo permite, porque hay confianza y el hijo se deja manejar y controlar. No así cuando hay orgullo que levanta una pared impenetrable y no permite nada.

Confianza

Y ya estamos hablando de la confianza. Parece fácil pero qué difícil es aprender a realmente confiar en Dios. Esta es una de las lecciones más grandes que debemos aprender. Al convertirnos en adulto nos preparamos para lograr grandes objetivos y tener la capacidad y la habilidad de hacer y pensar grandes cosas. Por eso muchas veces cuesta hacer al revés y dejar que Dios resuelva las cosas sólo. No nos es fácil confiar que El lo hará todo. Siempre nosotros mismos queremos hacer algo o nos preocupamos, en la expectativa de que cuanta más preocupación, más rápida la solución y no sabemos entregar todo el paquete a Dios. No sabemos realmente confiar. Y si aprendimos un día, seguro que en el próximo problema decimos: Ah, ésta sí la puedo resolver yo mismo. ¡Y no hemos aprendido a confiar!

Tal vez estás diciendo: "¿Y qué tiene que ver esto de confianza y humillarse con ser llenos del Espíritu Santo? Es que son cualidades necesarias para que el Espíritu pueda obrar con mayor libertad. Tengo que preparar mi 'casa' de modo que el Espíritu se sienta cómodo y a gusto en ella. Tengo que preparar el ambiente para que sea de su agrado y que se sienta libre de actuar. Una 'casa' sucia y desordenada con actitudes equivocadas simplemente lo va a ahuyentar.

Ser agradecido

Otra cualidad muy importante es el de ser agradecido. Y no solamente por las cosas buenas que nos pasan. Si realmente confiamos en el Padre, podremos dar gracias aún por las cosas que no entendemos y por lo que nos parece una contrariedad porque sabremos que aún esto es para nuestro bien y tendremos confianza en Él - que El no se ha equivocado y puede tornar lo que es aparentemente negativo en algo positivo para nuestra vida.

Al Padre le encanta escuchar a sus hijos darle las gracias, aún por las cosas más pequeñas. Pero cuántas veces nuestra boca está cerrada y ni se nos ocurre decir: gracias Papá, hoy has estado conmigo, hoy puedo ver y oír y caminar y hablar y hacer tantas cosas. Tengo manos sanas que se pueden levantar para alabarte y darte las gracias pues Tus bendiciones son tantas que no se pueden enumerar.

Desarrolla el hábito de darle gracias, todos los días. Esto es parte del proceso de humillarnos pues a veces no es fácil admitir que dependo de otro. Al dar las gracias a Dios estás admitiendo que estás dependiendo de El aún por las cosas más elementales como el poder respirar, el poder ver o caminar.

Ser agradecido no es realmente para beneficio del Padre sino que es a nosotros mismos que nos hace bien. Nos ablanda. Va quitando ese duro cascarón de autosuficiencia y nos hace más moldeable, de manera que el Espíritu pueda transformarnos.

Obediencia

Otra cualidad muy necesaria es la obediencia. Cuando buscamos el rostro de Dios es por cierto que El nos hablará, sea después de poco tiempo o tal vez después de mucho tiempo. Sí, Dios te hablará. Al principio tal vez sean cosas sencillas como: "Ven, conversa conmigo." Y es muy probable que te llamare en un momento que te cueste obedecer. Pero la obediencia es uno de los secretos de caminar con Dios.

Obedecer, aunque sea en algo pequeño tiene un valor inestimable y es a los ojos del Padre más aceptable que hacer grandes obras que Él no ha pedido.

Kathryn Kuhlman decía lo siguiente:

"Dios no busca los vasos de oro de esta tierra. Tampoco los vasos de plata. El busca los vasos de barro rendidos a Él, que obedecerán cualquier cosa que El les mande hacer."

Dios no te usará porque vienes de una familia creyente por generaciones, o porque has tenido la mejor educación o porque tienes mucho dinero o porque tienes un carácter atrayente. Hay una cualidad que Dios busca y esa es la obediencia. Necesita hombres y mujeres capaces de obedecerle aún cuando lo que El pide es algo difícil, algo que no nos gusta, algo que nos cueste o aún algo que a ojos de los demás parece una locura.

¿Estás dispuesto a entregarte a Dios de tal manera? ¿Estás dispuesto a negarte a ti mismo por seguir a Dios y obedecerle aún cuando todos dicen que estás equivocado?

Cada vez que te entregas y le obedeces, el Espíritu Santo se está acomodando en tu casa. Es como si probara los sillones – El quiere sentirse cómodo en todos.

Dios necesita hombres y mujeres dispuestos a rendirse a Él; que estén dispuestos a decir: "Ya no más mi voluntad, sino la tuya, Señor." No hace falta que seas perfecto para decirle esto al Señor – El sabe que no eres perfecto pero El está deseoso de usar las personas que están dispuesto a ser moldeado por Su Espíritu Santo. No es un proceso fácil. Nos duele despojarnos de nuestra propia naturaleza.

El rendirse a Dios no es algo que se hace a medias – no es mitad tú y mitad el Espíritu Santo. Si deseas que el Espíritu Santo fluya en tu vida debes entregarte 100% - TODO – pues El no recibe órdenes de hombres, no trabaja con fórmulas. El da las órdenes y nosotros debemos obedecer. El fluye y nosotros debemos rendirnos.

Amor por la Palabra

Una entrega al Espíritu Santo traerá un mayor amor por la Palabra de Dios. Pues si queremos conocer más a Dios, lo podemos hacer por medio de la Biblia. En ella tenemos todo lo que debemos saber del carácter de Dios. El Padre se reveló en la persona de Jesús – este libro precioso narra su vida y sus dichos. Conocer a Jesús es conocer al Padre, y la obra del Espíritu es llevarnos a la Persona de Jesús.

Nunca podremos avanzar mucho en nuestra vida espiritual sin tener un conocimiento de la Palabra de Dios. Debemos amar la Palabra, masticarla, comerla - que sea más dulce que el alimento diario.

A solas con Dios

Y otra cosa imprescindible es nuestro tiempo a solas con el Señor. Este es un tiempo único porque tú eres único y el trato de Dios es personal, va de acuerdo a tu forma de ser. El tratará contigo de acuerdo a cómo tú eres.

Es difícil dar fórmulas o reglas generales porque cada uno tendrá una experiencia única y especial. Es posible que el Señor te dé una estrategia de oración o una manera de estar a solas con Él (que no será la misma para todos.) Cuando el Señor te lo da, sé fiel en cumplir porque esto es parte de la obediencia.

Muchas veces se logra más en estos tiempos a solas que en muchas horas de servicio para Él. Realmente Dios se interesa más en tener una relación íntima y especial contigo que cualquier cosa que puedas hacer para Él. Nosotros pensamos que cuánto más hacemos y cuántas mayores obras es mejor y más aceptables a Dios. Todo lo contrario. Dios pone énfasis en quién somos para Él y no en las cosas que hacemos para Él. Nuestra íntima relación con Él es de más valor que lo mucho que podemos hacer.

Y cuando te propones estar a solas con Dios y sientes que no pasa nada, Dios mira tu perseverancia, verá tu sinceridad para conocerlo de verdad. El es Dios y puede hacer cómo Él quiere. Él decidirá si a uno se ha de revelar pronto y si con otro ha de demorar mucho tiempo. No podemos imponer nuestra voluntad a Dios. Él es Dios y las decisiones las toma Él.

Compartiré el testimonio de Roberts Liardon, un misionero, maestro y predicador de Estados Unidos.

"Durante seis largos años me aparté para Dios. Caminaba por el piso de mi habitación orando en lenguas, a veces toda la noche. Cuando iba a mi cuarto para tener este encuentro especial con el Señor, llevaba la Biblia, papel, lápiz y un grabador. Quería escuchar algo del Cielo. Me aparté de muchas actividades de mi familia, mi vecindario, mi escuela. Dejé de lado todos los deportes para poder pasar este tiempo a solas con el Señor. Muchas personas creyeron que estaba loco, y no tenían problema en decírmelo. A nadie le importaba que yo anduviera caminando por mi habitación llorando.

Muchas personas han dado unos pocos pasos para entrar en el ámbito espiritual para oír hablar de Dios, pero no han permanecido allí. Como no han soltado todas las ataduras mundanales, no pueden recibir la plenitud de los planes específicos que Dios tiene preparado para ellos.

Por supuesto, las personas que andan en la carne tratarán de desanimarte cuando quieras entrar por completo en el ámbito del Espíritu. Te dirán: "Compórtate normalmente. No seas raro." Lo que te están diciendo realmente es: "No seas normal. ¡Compórtate en forma rara como nosotros!"

La única manera de permanecer en el ámbito del Espíritu es pasar tiempo a solas con Dios.

Durante el primer año, mientras caminaba por mi cuarto rogando y llorando antes Dios, miraba por la ventana y veía a mis amigos jugando al béisbol. Mi carne decía: "No estás logrando nada. Vete a jugar al béisbol con tus amigos. No logras entrar en el ámbito espiritual." (Ese es el ánimo que me daba mi mente.)

La verdad es que pasé más de un año sin sentir nada. No hubo absolutamente ninguna respuesta del Cielo durante más de un año. La mayoría de las personas, si no reciben una respuesta divina a los cinco minutos, ya se preparan para dejar todo.

Yo sabía que si persistía, Dios finalmente aparecería. Mi actitud era ésta: "Voy a caminar por esta habitación hasta que Dios aparezca, ¡o moriré!"

¡Algunos de Uds. necesitarán esa misma persistencia para alcanzar a Dios!....una persistencia que les haga orar toda la noche, hasta que el Cielo choque con la tierra. Una religión seca, muerta, no vale nada. La religión mata el Espíritu y hace que prevalezca la carne.

Cuando comienzas a apartarte para Dios, comenzarán las críticas. Vendrá la persecución, pero tú ya habrás entrado al ámbito espiritual al que perteneces. Tienes que ponerte a la sombra del Omnipotente y quedarte allí. Tienes que llegar a ese lugar donde las alas de Dios te cubrirán y te llevarán.

Fui persistente. Después de más de un año de orar, entré en mi habitación y sentí la presencia de Dios. Cuando has caminado por tu cuarto durante tanto tiempo sin sentir absolutamente nada, puedes sentir a Dios al sentir el poder de Su presencia.

Pasé dos o tres meses más sin ninguna otra respuesta de parte de Dios. Seguí golpeando las puertas del Cielo esperando que me respondiera.

Un día, al entrar a mi habitación, luego de cerrar la puerta, Dios me habló. Me dijo: "Aquí estoy. No busques más. He venido para saber de ti."

Cuando me dijo eso, Su poder llenó mi habitación con tanta fuerza que me arrojó al suelo. Me pasé temblando toda la noche bajo el poder de Dios. Ese es el tipo de experiencia que busca la gente. Buscan algo real. Ya han visto demasiados engaños. Están esperando que DIOS aparezca y diga: "Aquí estoy."

Cuando Dios dice eso, está diciendo: "Estaré contigo. Iré a tu lado. Te fortaleceré. Te ayudaré. Sanaré por medio de ti. Hablaré a través de ti. Bendecirá a otros a través tuyo." Tomado del libro "El Precio del Poder Espiritual" de Roberts Liardon.

De lo mucho que podemos aprender de la experiencia de Roberts Liardon, recalco que la perseverancia tendrá su recompensa. La perseverancia nos señala cuán grande es nuestro anhelo, o cuán pequeño (si desistimos.)

Dijimos que la búsqueda de Dios y por lo tanto el ser llenado con su Espíritu y caminar con su Espíritu, no era algo fácil ni rápido. Siempre habrá una cuota de sacrificio pero cuánto mayor la entrega o sacrificio, mayor será nuestro conocimiento de Él. Cuánto más buscamos el rostro de Dios, más tendremos del Espíritu Santo.

Caminar en su voluntad

El que anda en el espíritu desea hacer la voluntad del Espíritu Santo. Desea hacer lo que El quiere, desea agradarle, desea hacer las cosas a la manera del Espíritu y le preguntarás al Espíritu Santo para hacer las cosas conforme a Su agrado.

Respeto

El que anda en el espíritu se cuidará de no ofender al Espíritu Santo. Hay cosas que lastiman al Espíritu y debemos ser cuidadoso en lo que escuchamos, lo que vemos, lo que decimos y lo que hacemos. Hay cosas que no son malas en sí pero no edifican y simplemente perdemos el tiempo en cosas que no nos aprovechan y apagan la vida del Espíritu dentro de nosotros. Por ejemplo, ver programas en la televisión que no edifican, leer revistas chismosas etc. Nuestro tiempo es valioso. Uso tu tiempo sabiamente en cosas que edifican y te ayudan a crecer. No malgastes tu tiempo.

Ser adorador

Juan 4:23 dice que Dios está buscando adoradores que le adoren en espíritu y en verdad. El que anda en el espíritu será un adorador, sabrá entrar en la presencia de

Dios para adorarle como Dios supremo. El adorador sabe que en "Su presencia hay plenitud de gozo". Esta es la clase de persona que le trae placer al Padre, el adorador que busca la intimidad con El como Persona y sabe que se logra más en su presencia que muchas horas en la obra sin su respaldo y aprobación.

Fe

Hebreos 11:6 dice que la manera de agradar a Dios es tener fe. Es necesario ejercitar la fe. Dios permitirá que tengamos problemas y atravesemos por situaciones difíciles justamente para aumentar nuestra fe.

Juan 7:38 dice: *"El que cree en mí, de su interior correrán ríos de agua viva"*. El ver señales y maravillas no es lo que nos cambia, ni siquiera participar de un hermoso culto nos cambia. La clave está en nuestro interior. Sólo el quebrantamiento y la búsqueda de Dios hacen fluir estos manantiales de vida. Y esto requiere esfuerzo y devoción todos los días.

Claudio Freidzon en su libro "Espíritu Santo, Tengo Hambre De Ti" dice:

"El crecimiento espiritual no se produce con la rapidez de la vida moderna. Vivimos en la época de la rapidez: café instantáneo, comidas al instante. Todo debe ser rápido. Pero en el camino de Dios, El maneja los tiempos. No hay atajos. En el crecimiento espiritual, como en todo crecimiento, hay un proceso de maduración. En el Reino de Dios no nacemos adultos, sino niños, y luego vamos creciendo como hijos bajo el cuidado de nuestro padre Celestial. (Efesios 4:14-16; I

Corintios 3:1; Hebreos 5:13,14)

Quizás algunos crean que si asisten a algún culto o si un pastor les impone las manos, sus vidas cambiarán. Es probable que alguna vez sea así. No cabe duda de que Dios puede usar otros ministerios para completar la tarea que Él viene realizando en nuestros corazones. Pero en mi caso no. Tuve que atravesar largos tiempos de trato divino, de espera, de preparación y quebrantamiento que me formaron para la etapa que vivo hoy". (Páginas 129, 130).

El Espíritu Santo no nos obliga en absoluto respecto a lo que debemos ser o hacer. Esa decisión la tomo yo. Él no vendrá súbitamente para producir cambios en nuestra vida. No, la iniciativa para buscar más de Dios, para ser lleno del Espíritu Santo y para andar en Él, siempre será iniciativa nuestra.

Necesito el Espíritu Santo

¿Por qué necesito al Espíritu Santo? Porque Jesús dijo: "Sin mí, nada puedes hacer." (Juan 15:5) La verdad es que necesitamos al Espíritu Santo desesperadamente. Y cada día lo necesitamos de alguna manera porque ayer ya pasó, hoy es un nuevo día con una nueva expectativa y una nueva necesidad.

Al Padre no le molesta ver que estamos en apuros, porque así Él puede enviar al Espíritu a socorrernos. Al Padre le encanta ser imprescindible porque así Él puede mostrar su poder y gloria y hacer lo imposible por nosotros. Le encanta que le demos lugar para que Él haga todo por nosotros. Al Padre le encanta ayudarnos.

Como un padre terrenal haría cualquier cosa por su hijo, así nuestro Padre Dios se desvive para hacer grandes cosas a favor nuestro.

¿Un padre le daría una piedra si su hijo le pide pan? ¡Inconcebible! ¡Claro que no! De la misma manera Dios sólo tienen cosas buenas para Sus hijos y el mejor regalo que tiene para nosotros es el Espíritu Santo.

"Entonces yo les digo: No se cansen de pedir, y Dios les dará; sigan buscando, y encontrarán; llamen a la puerta una y otra vez, y se les abrirá. Porque todo el que pide, recibe; el que busca, encuentra, y al que llama a la puerta se le abrirá. »Si un hijo suyo les pide un pescado, ¿le dan una serpiente en lugar de un pescado? O si les pide un huevo, ¿le dan un escorpión? Pues si ustedes, aun siendo malos, saben cómo darles cosas buenas a sus hijos, imagínense cuánto más dispuesto estará su Padre celestial a darles el Espíritu Santo a aquellos que le piden." Lucas 11:9-13

¿Te diste cuenta, en ese pasaje, de que hay una condición? Dios está ansioso de darnos más del Espíritu Santo pero es necesario pedirlo, demostrar que uno tiene deseos y anhelo por más de Él. Ahora puedes entender el versículo anterior, de hecho, los versículos 9 y 10. "Pedid, y se te dará." Si no pides, no obtienes nada. Es necesario pedir. Lo grandioso es que si pides, recibirás con seguridad. Es una promesa.

Y cuando recibes, y quieres aún más, el Señor dice que busques.

Buscar es algo un poco más difícil porque con seguridad que la búsqueda llevará un buen tiempo y necesitarás paciencia. Porque Dios no se da a conocer ni rápidamente ni fácilmente. Si fuera rápido o fácil, no lo apreciarías porque no te costó mucho. No apreciamos lo que no nos cuesta. No valoramos lo que nos llega fácil. Por lo tanto Dios juega a las escondidas con nosotros. Se esconde y se hace el difícil de encontrar. Pero cuando lo encuentras hay gran júbilo porque encontraste lo que tanto anhelabas. Es como encontrar una perla de gran precio. Es un tesoro y no lo sueltas porque te costó mucho encontrarlo.

Lo grandioso es que sabes que Dios te dejará encontrar lo que buscas.

Y cuando lo encuentras y aún no estás satisfecho y con insistencia llamas a la puerta...cuando anhelas más de Dios, cuando anhelas más de su Espíritu Santo con todo tu ser, anhelas con pasión, y te parece que morirás si no ves su gloria y estás dispuesto a esperar y hacer lo que cueste para lograr ese ardiente deseo; tienes la certeza que Dios no puede resistirse a ese anhelo tuyo y se te abrirá y te sentirás como sentado en la falda de tu Papito. Para ti Él no es tan sólo el magnífico Creador del universo sino también es tu Papito, en una relación tan íntima como de padre e hijo. Dios es tu Padre. ¡Tú eres su hijo preferido!

El Espíritu Santo te lleva hacia Dios Padre y hacia Jesús. Por eso a Dios le encanta contestar la oración que pide más del Espíritu Santo – porque tener más del Espíritu Santo es tener más de Dios, más del Padre, y más del Hijo.

Tal vez consideres que no tienes grandes cualidades, ni carisma pero el Señor tiene un propósito con tu vida y está atento a tu corazón. Está interesado en tu amor por Él. Hoy el Espíritu Santo quiere invitarte a tomar la decisión más importante de tu vida, decisión que hará posible que disfrutes de un destino glorioso. Esta decisión es un compromiso, un pacto de amor con el Señor donde levantarás a diario tus ojos para buscarlo. El Espíritu Santo desea saciar tu sed interior y llevarte a esa dimensión gloriosa donde puedas dialogar con Dios como Moisés: cara a cara.

Él no desea otra cosa que oírte decir con pasión, con sinceridad, y con profundo amor:

¡Espíritu Santo tengo hambre de ti!

¿Y cuál es la respuesta de Dios?:

"Yo premio a los que sinceramente me buscan".

(Hebreos 11:6)

Estimado Lector

Nos interesa mucho sus comentarios y opiniones sobre esta obra. Por favor ayúdenos comentando sobre este libro. Puede hacerlo dejando una reseña en la tienda donde lo ha adquirido.

Puede también escribirnos por correo electrónico a la dirección info@editorialimagen.com

Si desea más libros como éste puedes visitar el sitio de **Editorialimagen.com** para ver los nuevos títulos disponibles y aprovechar los descuentos y precios especiales que publicamos cada semana.

Allí mismo puede contactarnos directamente si tiene dudas, preguntas o cualquier sugerencia. ¡Esperamos saber de usted!

Más libros de interés

Ángeles en la Tierra - Historias reales de personas que han tenido experiencias sobrenaturales con un ángel

Este libro no pretende ser un estudio bíblico exhaustivo de los ángeles según la Biblia – hay muchos libros que tratan ese tema. Los ángeles son tan reales y la mayoría de las personas han tenido por lo menos una experiencia sobrenatural o inexplicable. En este libro de ángeles comparto mi experiencia, como así también la de muchas otras personas.

Dios está en Control - Descubre cómo librarte de tus temores y disfrutar la paz de Dios

En este libro, el pastor Jorge Lozano, quien nació en México y vive en Argentina desde hace más de 20 años, nos enseña cómo librarnos de los temores para que podamos experimentar la paz de Dios.

La Ley Dietética - La clave de Dios para la salud y la felicidad

Es hora de que rompamos la miserable barrera nutricional y empecemos a disfrutar de la buena salud y el bienestar que Dios quiere que tengamos. Al leer este libro descubrirás los fundamentos para edificar un cuerpo fuerte y sano que dure mucho tiempo, para que disfrutes la vida y para que sirvas al Señor y a su pueblo por muchos años.

Gracia para Vivir - Descubre cómo vivir la vida cristiana y ser parte de los planes de Dios

Martin Field, teólogo del Moore Theological College en Sidney, Australia, nos comparte en este libro sobre la gracia que proviene de Dios. La misma gracia que trae salvación también nos enseña cómo vivir mientras esperamos la venida de Jesús.

Vida Cristiana Victoriosa - Fortalece tu fe para caminar más cerca de Dios

En este libro descubrirás cómo vivir la vida victoriosa, Cómo ser amigo de Dios y ganarse Su favor, Lo que hace la diferencia, Cómo te ve Dios, Cómo ser un guerrero de Dios, La grandeza de nuestro Dios, La verdadera adoración, Cómo vencer la tentación y Por qué Dios permite el sufrimiento, entre muchos otros temas.

Una Ventana Abierta en el Cielo - Un comentario bíblico del Apocalipsis de San Juan

¿Qué pasará con la humanidad? ¿Será destruído el planeta tierra? No hay dudas que nuestro planeta sufre los peores momentos. Ante una cada vez mas intensa ola de desastres naturales y la presente realidad de una sociedad resquebrajada moralmente. Surgen las preguntas: ¿Hacia dónde se encamina la humanidad entera? ¿Tiene su historia un propósito? ¿Dónde encontrar respuestas?

www.ingramcontent.com/pod-product-compliance
Lightning Source LLC
LaVergne TN
LVHW011729060526
838200LV00051B/3087